우리말을 지킨 사람들

우리말을 지킨 사람들

발행일 초판 1쇄 2021년 9월 29일
초판 3쇄 2023년 4월 6일
글 곽영미
그림 이수영
편집 김유민
디자인 이진미
펴낸이 김경미
펴낸곳 숨쉬는책공장
등록번호 제2018-000085호
주소 서울시 은평구 갈현로25길 5-10 A동 201호(03324)
전화 070-8833-3170 팩스 02-3144-3109
전자우편 sumbook2014@gmail.com
홈페이지 https://soombook.modoo.at
페이스북 /soombook2014 트위터 @soombook 인스타그램 @soombook2014

값 13,000원 | ISBN 979-11-86452-77-6
잘못된 책은 구입한 서점에서 바꿔 드립니다.

이 도서는 한국출판문화산업진흥원의
'2021년 출판콘텐츠 창작 지원 사업'의 일환으로
국민체육진흥기금을 지원받아 제작되었습니다.

숨쉬는책공장 인물 이야기 4

우리말을 지킨 사람들

글 곽영미
그림 이수영

숨쉬는 책공장

차례

1장 우리의 소중한 말과 글

2장 《말모이》와 주시경의 제자들

3장 《큰사전》이 만들어지기까지

4장 우리말의 다듬기와 변화

1장

우리의 소중한 말과 글

지
석
영

우리글의 필요성을 깨치다

지석영(1855~1935년)은 조선 시대 말기의 문신이자 한의사, 한글학자다. 천연두를 몰아낸 종두법의 선구자로 알려진 지석영은 1909년에 우리나라 최초의 옥편인 ≪자전석요≫와 국어사전 형식의 교과서인 ≪언문≫을 펴냈다. ≪자전석요≫와 ≪언문≫의 표기는 당시 한자어 표기의 본보기가 되었고, 우리말 사전 편찬의 초석이 되었다는 평가를 받고 있다. 지석영은 당시 조선에 필요한 힘과 무기가 우리말과 글임을 일찍 깨닫고, 우리말과 글에 생명력을 불어넣었다.

새벽 일찍 징소리와 북소리가 어지럽게 동네에 울려 퍼졌다.

"마마, 마마, 제발 떠나가소, 떠나가소!"

사람들은 마을 어귀 느티나무 서낭당 앞에서 두 손을 싹싹 빌며 울부짖었다. 마을이 아침부터 시끌벅적하다. '마마'라 불리는 천연두가 유행해서 마을 아이들이 벌써 열이나 죽어 나갔다. 아이들은 갑자기 높은 열이 나더니, 사시나무처럼 벌벌 떨다가 픽픽 쓰러졌다. 이 병에 걸리면 온몸에 보기 흉한 고름과 물집이 생겼고, 열 명이 걸리면 서너 명은 죽었다. 마을 사람들이 용하다는 무당을 불러 천연두를 없애는 굿을 열었다.

"굿을 멈춰요. 모두 건넛마을 김 대감 댁으로 가 보세요."

옆 마을 청년 순돌이가 달려와 소리쳤다. 하지만 징소리와 북소리는 멈추지 않았다. 누구 하나 순돌이를 쳐다보지도 않았다. 순돌이가 어찌할 바를 몰라 발을 동동 구르다가 징채를 빼 들고 다시 소리쳤다.

"지석영 선생님이 오셨다고요. 마마를 고쳐 준다니까요."

지석영이라는 말에 사람들의 눈과 귀가 열렸다. 징과 북 소리도 멈췄다. 지석영이 전국에 유행하는 천연두를 고친다는 말은 다들 들어서 알고 있었다.

"참말이냐?"

무당이 먼저 물었다.

"제가 거짓말을 한답니까? 김 대감 댁에서 오늘 사람들을 본대요. 마마 걸린 사람들이 모두 김 대감 댁으로 간다니까요."

순돌이 말이 끝나기도 전에 몸이 날쌘 몇몇이 김 대감 댁으로 달려가자, 너도나도 몸을 일으켰다. 무당이 크게 한숨을 내쉬고는 일하는 사람에게 굿판을 치우라고 고갯짓을 했다. 그러고는 순돌이를 매서운 눈으로 노려보았다. 순돌이는 자기 잘못이 아닌데도 눈치를 보며 앞서가는 사람들을 좇아갔다.

김 대감 댁에는 환자들이 정신없이 밀려들었다. 지석영이 하라는 대로 지석영과 함께 온 의원들이 바삐 손을 놀리며 사람들을 살폈다. 그렇게 하루가 저물었다.

밤이 되자 순돌이는 자리끼를 준비하고 지석영이 머무는 사랑채에 들어갔다. 지석영은 아직 누울 준비를 하지 않고, 책에 무언가를 바쁘게 적고 있었다.

"선생님, 무얼 그렇게 열심히 적습니까?"

순돌이는 지석영이 적는 책을 보았다. 언문이 적혀 있었다. 지체 높은 분들은 다들 어려운 한자로 적는데, 지석영은 언문으로 적고 있었다. 언문(한글)은 조선의 글인데도, 평민들이 쓴다고

양반들은 우습게 여기며 낮춰 보았다.

"이게 무슨 글자인지 아느냐?"

지석영이 글자를 내보이자 순돌이가 얼굴을 붉히며 고개를 끄덕였다. 아는 글자 몇 개가 보였다.

"오늘 본 환자들의 특이한 증상을 적는 것이다."

"아, 그러시군요. 종일 아픈 이들을 치료하시느라 힘드셨을 텐데, 이렇게 글까지 적으시고, 대단하십니다. 그런데 왜 한자로 적지 않으시고 언문으로 적으십니까?"

지석영이 붓을 내려놓고 순돌이를 바라보았다.

"내 꿈이 무엇인 줄 아느냐?"

순돌이는 지석영의 질문에 어리둥절했다.

"당연히 이렇게 아픈 사람들을 고치는 명의가 되시는 게 아닙니까. 이미 꿈을 이루셨고요."

"그렇기도 하지. 하지만 나는 우리나라가 힘이 있었으면 한다. 강한 나라가 되게 만들고 싶구나."

"그렇지요. 힘 있는 강한 나라가 되면 좋지요."

순돌이는 맥이 빠진 듯 중얼거렸다. 나라 힘이 없으니 일본 사람들이 사사건건 조선 일에 간섭을 하는 게 못마땅한 것은 상놈이나 양반이나 같았다. 하지만 별도리가 없지 않은가. 순돌이는 일본 사람들 생각에 머리가 지끈 아파 왔다.

"내가 천연두를 어떻게 고치게 되었는지 아느냐?"

순돌이는 알 수 없는 표정을 지었다. 지석영은 1879년 천연두를 예방할 방법을 배우고자 스무 날을 걸어 부산에 있는 제생의원에 간 날을 떠올렸다.

"천연두를 예방할 수 있는 종두법을 배울 수 있게 알려 주십시오."

지석영은 제생의원 일본인 원장에게 몇 날을 간청했다. 일본인 원장은 스무 날을 걸어서 이곳까지 찾아온 지석영의 열정에 크게 놀랐지만 쉽게 알려 줄 생각은 없었다.

"자네가 종두법을 배우고 싶다면 이 책의 틀린 부분을 바로잡아 주게나."

일본인 원장은 조건을 붙였다. 그가 내민 책은 일본인들이 조선어를 배우는 데 많이 사용하는 책인 《인어대방》이었다.

'종두법만 배울 수 있다면 무엇을 못 하겠어.'

지석영은 일본인 원장의 청대로 책의 오자를 잡기 시작했다.

"여기서는 이 받침을 빼야 하고, 음, 여기는 받침을 넣어야겠네. 우리글의 원리가 참말 대단하구나!"

지석영은 책의 오자를 바로잡으면서 언문, 즉 한글의 원리를 이해하게 되었다. 또한, 한글이 얼마나 대단한 문자인지도 깨닫게 되었다.

지석영은 순돌이에게 말을 이었다.

"강한 나라가 되려면 많은 지식이 필요하다. 아픈 사람을 고치는 지식뿐만 아니라 외국의 과학 기술들을 알고, 배워야 한다. 하지만 그런 지식이 한자로 기록된다면 이 나라 젊은이들이 몇이나 배울 수 있겠느냐. 나는 장차 전국에서 젊은이들을 뽑아 내가 기록한 의학 지식들을 가르칠 것이다."

지석영은 일찍부터 이런 마음을 품고 있었다. 그래서 서양 의학 지식을 한글로 정리해 책 《신학신설》을 만들기도 했다.

"양반이건 천민이건 모두 부지런히 우리글을 배워야 한다. 순돌이 너도 반드시 우리글을 모두 익히거라."

지석영의 눈빛은 마치 어두운 밤에 번쩍이는 호랑이 눈 같았다. 눈에서 불이 나는 듯했다. 순돌이는 고개를 끄덕이며 내일 당장 한글을 배우리라 마음먹었다.

지석영은 1898년 나라에 의학교 설립을 청원해 한국 최초의 근대식 의학 교육 기관인 관립 의학교가 세워졌다. 그곳의 첫 교장을 맡은 지석영은 근대식 의사를 키워 냈다. 관립 의학교는 일제 강점기에 경성의전이 되고 광복 이후에는 서울대학교 의과대학이 되었다.

"우리나라 말을 하나 제대로 기록할 수 없으니 안타깝구나. 우리글이 있는데도 귀중한 줄 모르고 제대로 쓰고 익힐 수도 없으니 애석하도다."

1896년 지석영은 본격적으로 우리말과 우리글을 정리하는 일에 뛰어들었다. 그는 ≪대조선독립협회회보≫ 1호에 한글을 제대로 쓰지 못하는 백성들의 마음을 담은 <국문론>을 발표하기도 했다.

1894년(고종 31) 11월 21일, 고종은 임금이 내리는 명령인 칙령을 내려 한글을 우리나라의 공식 문자로 선포했다.

"앞으로 법률과 칙령을 모두 국문으로 하되, 한문이 필요한 경우 국한문으로 섞어서 쓰도록 한다."

고종은 칙령에서 1순위가 국문이고 한문 번역본과 국한문체는 그다음임을 분명히 했다. 고종의 칙령으로 한글이 완전한 '우리글'로 자리매김하기 시작했다. 그동안 한글은 일반 백성 사이에서는 널리 쓰였으나 양반들에게는 상말을 적는 문자라며 멸시를 받았다. 고종의 칙령으로 약 450년 만에 한글이 조선 역사상

처음으로 공식 문서에 쓰이게 된 것이다. 하지만 선포 후 10년이 지나도 여전히 한글 쓰기가 지지부진했다. 한글을 주로 써야 한다는 국어학자들의 움직임은 있었으나 크게 바뀌지 않았다. 지석영은 조선의 개화가 늦어지는 이유가 한글이 아닌 한문을 쓰기 때문이라고 여기며, 한글을 써야 한다고 주장했고, 주시경과 더불어 가로쓰기를 주장한 선구자였다.

"아무래도 더 강한 힘이 필요하겠어."

1905년 지석영은 두툼한 책자를 들고 고종 앞에 섰다.

"어쩐 일이요?"

"폐하, 아직도 국문이 자리를 잡지 못하는 것이 걱정입니다."

고종은 지석영이 무슨 얘기를 하는지 짐작하고 고개를 끄덕였다.

"폐하, 이것을 살펴봐 주십시오."

지석영은 내민 책자는 상소문 <신정국문>이었다.

"정음, 다시 말해 언문이 국문으로서 역할을 다하려면 철자법을 통일해야 합니다. 그래서 제가 국문 표기법을 정리해 보았습니다."

고종은 상소문을 받아 들고 살펴보았다. 우리말은 말하기는 쉬우나 쓰는 법이 저마다 달라 글로는 뜻을 이해하기 어려웠다.

고종 역시 한글의 철자법 통일이 무엇보다 중요하다는 것을 알고 있었다. 하지만 지석영의 <신정국문>에는 철자법의 근거와 기준이 확실치 않았다. 1907년 고종은 학부대신 이재곤에게 한글의 철자법 통일을 위한 국문 연구소를 설치하도록 했다. 지석영은 국문 연구소 위원으로 임명되었다. 훗날 한글 사전 편찬에 가장 큰 주춧돌 역할을 한 주시경 역시 위원으로 임명되었다.

호
머
헐
버
트

한글과 조선을 사랑한 외국인

호머 헐버트(1863~1949년)는 1886년부터 20여 년 동안 한국에 살면서 한글을 사랑한 한글학자이자, 한국 역사학자, 언론인, 선교사, 독립운동가로서 한국의 문명화와 주권 수호를 위해 크게 헌신했다. 1949년 이승만 대통령의 초청을 받고 한국에 환국한 지 일주일 만인 1949년 8월 5일 세상을 떠났다. 현재 양화진 외국인 묘지에 잠들어 있다.

1886년 여름, 제물포에 미국 배 한 척이 들어왔다. 커다란 배에서 낯선 이들이 조선 땅에 발을 내디뎠다. 구경 나온 조선인들은 하얀 얼굴에, 키가 자신들 머리 하나보다 더 크고, 코가 우뚝 솟은 백인들의 모습에 쑥덕거렸다. 어린아이들은 구경에 신이 나 이리저리 오가기 바빴다. 그곳에 호머 헐버트가 있었다. 미국 유니언 신학교에서 공부하던 헐버트는 교사로 초빙되어 학교를 그만두고 조선 땅까지 오게 된 것이다.

1880년 초, 고종은 근대식 교육 기관과 영어 교육의 필요성을 느끼고 학교를 세우기로 했다. 그리고 6년 후 1886년에 조선 최초의 근대식 관립 학교인 육영 공원이 개교했다. 호머 헐버트는 바로 육영 공원의 교사로 초빙돼 조선 땅에 첫발을 디디게 되었다. 그는 조선에 도착하자마자 접한 조선의 문화와 언어에 크게 감명받았다.

"한민족은 학문을 사랑하는 민족이야. 그들은 위대한 문화유산을 가졌어."

호머 헐버트는 학생들에게 근대 교육을 전파하는 것에 그치지 않고 조선의 문화를 접하며 조선을 이해하는 데에 남다른 열정을 불태웠다.

"조선의 국문을 배우겠습니다."

헐버트는 조선 학생들을 가르치기 위해서는 스스로 한글을 배우는 게 순리라고 생각했다.

"오 세상에! 이게 조선의 언어라니. 자음과 모음을 합쳐서 쓸 수 있다니. 이렇게 간편한 글을 본 적이 없어. 더군다나 소리를 표현하고 있어."

헐버트는 처음 접한 한글의 간편함과 과학적 원리에 빠져들었고 매일같이 한글 공부에 매진했다. 그리고 한글을 배운 지 3년 만에 한글로 책을 저술했다.

"이게 그 서양인 헐버트가 쓴 책이라고요?"

조선인들은 헐버트가 모국어인 영어가 아닌 한글 교과서를 써냈다는 게 믿기 힘들었다.

"그가 언제 조선에 들어왔습니까?"

"겨우 3년 되었습니다."

"3년 만에 국문 책을 만들 수 있다고요?"

다들 입이 벌어졌다.

대중 앞에서 헐버트가 목소리를 높여 연설했다.

"조선 국문은 세계에서 가장 뛰어난 글입니다. 영어와 달리 발음 기호가 없습니다. 자음과 모음의 조합으로 간편하게 쓰고 읽을 수 있습니다. 이처럼 훌륭한 언어는 전 세계 어느 곳에도 없을 거예요."

그는 조선의 관리와 양반들이 한글을 무시하고 있는 모습이 답답했다.

"언젠가는 조선인 모두 국문을 쓰게 될 거예요. 한자는 분명히 낡은 문자가 될 겁니다."

조선 최초의 한글 교과서인 ≪사민필지≫는 조선이 대한 제국이 된 1897년보다 2년 뒤인 1889년 호머 헐버트가 완성했다. ≪사민필지≫에는 세계 지리, 천체, 각국의 정부 형태와 인구, 풍습, 산업, 교육과 군사력 등이 담겼고, 헐버트는 이 교과서로 학생들을 지도했다. '사민필지'라는 제목은 '선비와 백성이 모두 반드시 알아야 할 지식'이라는 뜻에서 붙여진 이름이다. 그는 세계 정세에 무지한 학생들을 보며 세계 지리에 대한 가르침이 절실하다고 느꼈다. 또한, 평등주의와 교육의 필요성을 강조했다.

헐버트는 《사민필지》 출간 후 한국을 세계에 알리는 많은 일을 했다. 구전으로 전해 오던 《아리랑》을 우리나라 최초로 악보로 만들어 발표했으며, 한국의 역사를 정리한 《한국사》, 한국의 문화, 전통, 사회 제도 등을 담은 《대한제국멸망사》를 1906년 출판해 국제적으로 소개했다. 또한 독립운동가로도 많은 일을 했다. 그는 삼문출판사 책임자로 일하면서, 1896년 4월 7일 창간한 우리나라 최초의 한글 신문인 《독립신문》을 탄생시키는 과정에서 서재필을 돕기도 했다. 당시 헐버트는 서재필에게 삼문출판사의 인쇄 시설을 이용할 수 있게 했고, 《독립신문》 편집에도 도움을 주었다.

"자네가 도와줄 수 있겠는가?"

고종이 친서를 내밀었다. 고종은 대한 제국 외교권이 일본에 뺏길 위기에 처하자 미국의 26대 시어도어 루스벨트 대통령에게 도움을 요청하는 편지를 보내려고 했다. 친서를 전달하는 특사로 헐버트가 임명되었다.

"네. 제가 반드시 전달하겠습니다."

헐버트는 자신이 그토록 사랑하는 대한 제국의 외교권을 찾는 일에 힘이 될 수 있다는 사실에 가슴이 벅찼다. 한시라도 빨리 미국으로 건너가 루스벨트 대통령을 만나고자 했다.

1905년 미국에 도착한 헐버트는 미국이 일본의 통치 음모를 저지시켜 주고, 일본의 침략주의를 막아 달라고 호소했다.

"대통령을 만나게 해 주세요. 조선 황제의 친서를 전달해야 합니다. 대통령이 어렵다면 국무장관이라도 만나게 해 주세요.

부탁하네!
폐하, 반드시 전하겠습니다!

제발요.”

헐버트가 아무리 애를 써도 어느 누구도 그의 청을 들어주지 않았다. 시간은 흘러 을사늑약이 체결되었고, 대한 제국의 외교권이 박탈되었다. 당시 미국은 일본과 비밀리에 ‘가쓰라-태프트 밀약’을 체결하고 서로가 각각 필리핀과 한국을 지배하는 것을 묵인하기로 한 상태였다.

“미국은 정의롭지 못한 선택을 한 것입니다. 미국이 대한 제국을 일본에 넘긴 것이며, 잘못된 선택을 했습니다. 루스벨트 대통령은 정식으로 조약을 맺은 친구의 나라를 배신한 사람입니다.”

헐버트는 을사늑약에 대해 자신의 모국인 미국의 책임과 루스벨트 대통령의 잘못을 추궁했고, 10년 넘게 루스벨트 대통령을 비난했다. 결국 루스벨트는 1919년 죽기 전 자신의 잘못을 인정했다.

“이 나라가 살길은 교육뿐입니다. 교육에 전념해서 일본으로부터 나라의 주권을 찾아야 합니다. 모든 백성이 국문을 배우고 깨쳐야 합니다.”

을사늑약으로 대한 제국이 주권을 빼앗기자 헐버트는 대한 제국의 주권을 되찾는 데 발 벗고 나섰다.

"제가 다녀오겠습니다."

1906년 헐버트가 먼저 고종에게 자신이 헤이그 특사가 되겠다고 자청했다. 직접 헤이그로 가서 을사늑약이 무효라는 고종의 뜻을 미국과 유럽 국가들에 알리겠다고 했다. 일본이 헐버트를 감시하는 사이 이준, 이상설, 이위종는 고종의 헤이그 특사로 활동할 수 있었다. 하지만 그들은 일본의 방해로 회의장에 들어갈 수 없었고, 이준은 크게 실망하고 갑작스러운 죽음을 맞았다. 일제에 눈엣가시가 된 헐버트는 결국 추방당하게 되었다.

"나는 반드시 돌아올 것입니다. 그리고 대한 제국 독립을 위해 무엇이든 할 것입니다."

대한 제국을 떠나 다시 미국에 정착한 헐버트는 서재필, 이승만 등 미주 독립운동가를 적극적으로 지원했으며, 대한 제국의 독립을 외국에 호소하기도 했다. 그는 1945년 광복을 맞을 때까지 독립운동에 매진했다.

주
시
경

한글 연구의 주춧돌을 놓다

주시경(1876~1914년)은 조선의 언어학자이자 국문학자다. 독립 협회 활동 중 한글 표기법 통일의 필요성을 느끼고, 한국어 문법을 정리했다. '국문 연구소'에서 진행한 '국문연구의정안'은 오늘날 '한글 맞춤법 통일안'의 기초가 되었고, 최초의 조선어 사전인 ≪말모이≫ 편찬에 주춧돌 역할을 했다. 근현대 한글 연구에 최현배와 함께 가장 큰 영향을 주었다. 저서로는 ≪조선말글본≫ ≪국문문법≫, 《대한국어문법》, 《말의 소리》 등이 있다.

주시경은 스물두 살에 독립 협회 중앙위원으로 선출될 만큼 열성적인 청년 운동가였다. 그는 배재학당에서 영문법을 공부하면서 언어의 특징과 공통성을 깨우쳤고, 한글 문법의 기틀을 바로잡겠다는 의지를 세웠다.

배재학당을 졸업한 주시경은 1900년부터 여러 학교에서 한글을 가르쳤다. 그는 당시 언문, 정음, 반음이라고 불리는 국문에 '한글'이라는 새 이름을 붙였다. 강습할 수 있는 곳이라면 아무리 먼 곳이라도 달려갔고, 교육받는 이들이 어른이든 아이든 상관하지 않았다. 당시 배재학당 인근에는 휘문의숙, 보성학교, 배재학당, 중앙학교, 경신학교, 명신여학교(숙명여고), 이화학당 등의 신학문 학교들이 모여 있었다. 주시경은 이곳에서 밤낮으로 국어를 가르쳤고, 책 보따리를 들고 많은 곳을 오고 가는 그의 모습에 '주보따리'라는 별명을 얻었기도 했다. 그는 자신이 직접 쓴 국어 문법 교재로 우리말의 원리와 문법을 가르쳤는데, 강의는 누구나 알아들을 수 있을 만큼 쉬웠고, 재미있었다. 한글을 사랑하는 그의 열정적인 강의에 조는 이가 없었고 그의 강의가 열리는 곳에는 구름처럼 많이 이들이 몰려들었다.

그 당시 주시경은 제자들과 조선광문회에서 함께 일하고 있었다. 조선광문회는 한국 고전 연구 기관으로 일제가 해마다 진

귀한 조선의 서적과 국보급 문화재를 반출하는 것을 막기 위해 힘썼다. 민족 전통의 계승을 위한 책을 만들고, 보급할 뿐만 아니라 귀중 문서를 보존하는 일도 했다.

"그때 '한글 맞춤법 통일안' 보고서만 채택되었어도……."

주시경은 한글의 철자법 통일이 이뤄지는 것을 볼 수 없었다. 1907년에 만들어진 국문 연구소에서 한글의 철자법 통일에 대한 최종 결과물을 내놓았지만 조정이 이 보고서를 채택하기도 전에 대한 제국이 일제에 강제 병합되었다. 그렇게 최초의 맞춤법 통일안은 공포되지 못했다.

"다들 잘 들어라. 지금 일본이 우리 강산을 빼앗고, 앞으로는 한민족의 근본을 무너뜨리려 할 것이다. 민족의 근본은 문화고, 그 문화를 지탱하는 힘이 바로 언어다. 일제는 우리의 말과 글을 가장 먼저 빼앗을 것이다."

"선생님, 그럼 어찌해야 합니까?"

"우리말과 우리글을 되살려야지."

주시경 말에 제자들은 고개를 끄덕였다. 주시경은 칠판에 글을 크게 적고는 제자들에게 읽어 보도록 했다.

나무가 자라는 것은 하늘이 하는 일이요,

그 나무를 가꾸는 것은 사람이 하는 일이니,
우리가 할 일은 우리말을 다듬어서
바르게 말하고 적는 것이다.

"이제 한시라도 빨리 우리말과 우리글을 지킬 《말모이》를 만들어야 한다."

'말모이'는 말을 모은다는 뜻이다. 주시경은 한글을 모은 《말모이》 사전 사업을 제자들과 함께하자고 했다.

"선생님이 이끌어 주시면 할 수 있습니다."

"저도 따라가겠습니다."

제자 김두봉, 이규영, 권덕규는 주시경과 사전 《말모이》를 함께 만들기로 했다. 이렇게 해서 1911년 《말모이》 편찬 사업이 시작되었다.

"어떤 말을 모아야 할까요?"

주시경과 제자들은 머리를 맞대고 고민했다.

"서울에서 제주까지 어디든 쓰는 말을 가릴 것 없이 모아야 한다. 방언뿐만 아니라 입말, 옛말도 수집해야 한다."

주시경은 방언이 지역의 문화를 보여 주는 순수한 우리말이라고 강조했다. 그렇기에 방언, 입말, 옛말까지 모두 모아서, 어휘들을 비교하고 분석해서 우리말이 어떻게 달라지는지 살펴보자고 했다. 하지만 문제는 말을 모으는 것이었다. 제자들이 지인들을 동원해서 말을 모은다고 해도 한계가 있었다. 지인들이 없는 지역의 방언들은 알 길이 없었다. 전국 방방곡곡에 있는 말을 모아야 하니 보통 큰일이 아니었다.

"이 일은 혼자서는 할 수 없다. 모두 힘을 합쳐서 해야 한다. 힘을 합쳐서 시간이 얼마나 걸리든 반드시 해내야 하는 일이다."

'함께'라는 말에 다들 여러 생각들을 해 보았다.

"한글을 모은다고 하면 일제가 곱게 보고만 있지는 않을 것입니다. 그러니 비밀리에 모아야 하지 않을까요?"

"전국 각처에는 학교가 있으니 학교 교사와 학생들을 동원해 보면 어떨까요?"

"교사와 학생들 도움을 받으면 정말 좋을 것 같습니다."

"그럼, 전국 지역의 학교를 선정하고 참여하도록 문의해 보겠습니다."

"우편으로도 받아 보면 좋을 것 같습니다."

그들은 여러 날 생각들을 정리하고, 《말모이》 편찬 사업에 박차를 가했다.

얼마 뒤 기쁜 소식이 날아들었다. 전국 학교 교사와 학생들이 그들이 사는 지역의 말을 보내겠다는 연락이 왔다. 그리고 주시경과 제자들이 말을 모은다는 소문이 조선인들 사이에 순식간에 퍼져 나갔다. 교사와 어린 학생들뿐만 아니라 부녀자들, 상인들, 농부들이 너도나도 참여하겠다고 나섰고, 다양한 우리말을 적은 종이들이 《말모이》를 만드는 조선어 사전 편찬 사무실에 산더미처럼 쌓였다.

"선생님, 이것 좀 보세요."

"이러다가 금세 《말모이》를 만들 수 있을 것 같습니다."

주시경과 제자들은 밀려드는 우리말 편지에 기뻐서 어쩔 줄 몰랐다. 이렇게 많은 우리말이 빠른 시간에 모이는 것이 믿기지 않았다. 이는 조선인에게 나라를 잃은 설움이 얼마나 큰지를 보여 주었다. 조선인들은 우리말을 잘 정리해 지키면서 나라를 되찾는 희망을 품었다. 당시 일제 역시 한글 철자법이 통일되지 않아 조선을 지배하는 데 어려움이 많았다. 그래서 빨리 한글 철자법을 통일하고자 했다. 조선인을 일본 신민으로 육성하려면 한글이 필요했기 때문이다.

"이제부터가 시작이다. 말을 모았으니 이제 분석하고 정리할 차례다."

주시경과 제자들은 밤낮으로 각 지역의 말을 옛말, 전문어, 고유 명사 등으로 구분했다. 말을 모으는 일보다 어휘들을 분석, 비교, 정리하는 일이 더 힘들었다. 더군다나 그 뜻을 풀이하기도 어려웠다. 우리가 늘 사용하는 '자다', '먹다', '눈', '발'과 같은 어휘의 뜻풀이도 쉽지 않아서 오랜 시간을 잡아먹었다. 하지만 주시경과 제자들은 포기하지 않고 앞으로 나아갔다. 주시경은 연구비를 조달하느라 강의료까지 탈탈 털어 연구비에 보탰다. 집에 가져다줄 돈 한 푼 없이 빈털터리가 되었지만 개의치 않았다. 먹

을 것도 제대로 먹지 못해 기력을 잃어 갔어도 그의 열정은 식지 않았다.

“선생님, 이제 거의 정리되어 가고 있습니다. 보세요.”

제자들은 정리된 어휘들을 보면서 기뻐했다. 주시경은 입술을 굳게 다물었지만 그의 입가에 미소가 일었다.

“이제 조금만 더 하면 된다. 조금만.”

어느새 《말모이》 편찬 사업을 시작한 지 4년이 흘렀다. 말모이 사전이 형태가 잡혀 가기 시작했다. 이제 모두가 원하던 최초의 조선어 사전 《말모이》가 완성될 그날이 바로 코앞에 와 있었다.

"큰일이 났습니다. 큰일!"

제자들이 모인 곳에 낯선 이가 달려와서 소리쳤다. 제자들은 이상히 여기며 그를 바라보았다.

"주시경 선생님이, 주시경 선생님이 그만, 돌아가셨습니다."

제자들은 뒷말을 미처 다 듣지 못한 채 얼어붙었다. 그의 말이 믿기지 않았다. 아니 믿을 수 없었다. 하루아침에 주시경이 자신들을 떠나다니 그건 있을 수 없는 일이었다. 아니 있어서는 안 될 일이었다. 《말모이》 작업이 이제 막바지에 다다랐는데, 주시경이 없는 《말모이》는 있을 수 없는 일이었다.

제자 김두봉, 권덕규, 장지영 등이 서둘러 주시경의 집으로 달려갔다.

'제발 누가 거짓이라고 말해 주세요. 제발…….'

주시경 집에 도착한 그들은 주검 앞에서 또다시 얼음처럼 굳었다.

"어찌 이런 일이 있습니까? 어찌?"

"찬밥을 먹고는 그만 체해서 앓아눕다가 끝내 일어나지 못했다고 합니다."

제자들은 주시경이 죽은 사연을 듣고 바닥에 털썩 쓰러졌다. 찬밥도 간신히 옆집에서 구해 온 것이라고 했다. 집은 먹을 것 하나 없이 가난하고 보잘것없었다.

'이렇게 허무하게 가시다니.'

그들은 시간이 흘러도 일어날 줄 몰랐다. 이제 《말모이》를 어찌할지……. 주시경이 없는 《말모이》는 한 번도 생각해 보지 못했다. 주시경은 1914년 서른아홉 살 젊은 나이로 세상을 떠났다.

"선생님, 방을 빼라고 하는데 어쩌지요?"

주시경이 가고 얼마 지나지 않아 조선광문회에서 조선어 사전 편찬 사업 학자들에게 더는 공간을 제공할 수 없다며 방을 빼라고 알렸다. 모두 그럴 것이라 생각은 하고 있었다. 주시경이 없는 조선어 사전 편찬 사업은 더는 나아갈 힘도 없었고, 사전 편찬에 필요한 돈을 모을 방도도 없었다.

"《말모이》를 편찬할 돈도 없는데 어찌 방세까지 구할 수 있겠습니까?"

김두봉, 권덕규, 장지영 등은 아무 말도 잇지 못했다. 주시경의 죽음과 함께 《말모이》 사업이 저 멀리 멀어져 갔다. 금방이라도 손으로 만질 수 있을 것만 같았던 《말모이》가 희미한 안개처럼 손아귀에서 빠져나갔다.

박
용
만

미국에서
한글 운동을 펼치다

박용만(1881~1928년)은 강원도 철원 출신으로, 독립운동가이자, 언론가, 교육자다. 미주 지역의 한인 지도자로서 재미 교포 단체인 대한인국민회의 기관지 《신한민보》에서 활동했다. 1919년 3·1 운동 후에는 미국에서 중국으로 건너가 북경에 근거하며, 무장 투쟁을 벌였다. 1927년 국어 학교를 설립했으며, 국어 교과서인 《조선말 독본 첫 책》, 《조선말 교과서 둘째 책》을 펴냈다. 1928년 친일 혐의를 의심받아 의열단원에게 피살되었다.

국내에서 일제의 조선어 말살 정책이 벌어질 무렵, 해외에서 활동하던 독립운동가들은 조선어를 지키기 위해 동포 어린이들에게 열심히 한글을 가르쳤다. 그중 한 사람이 바로 박용만이다.

박용만은 무장 독립 투쟁 노선을 주장한 독립운동가이자, 교육자였다. 1893년 관립 일본어 학교를 졸업하고, 일본으로 건너가 서구 문물에 눈을 떴다. 러일 전쟁이 한창이던 1905년 미국에서 미주 지역 한인 단체인 대한인국민회를 이끌었다.

“우리가 비록 머나먼 타지에 나와 있지만, 이곳에서 통일 기관을 만들고, 무관 학교를 설립해야 합니다. 여기서 독립군을 키워서, 독립 전쟁을 통해 국권을 회복해야 합니다.”

박용만은 군사 학교의 필요성을 강조하며, 일본보다 강한 국력으로 독립을 꾀하고자 했다. 그는 미국 한인 사회의 도움을 얻어, 1909년 ‘한인소년병학교’를 세웠다. 한인소년병학교는 학기 중에는 각자 학교에서 공부하다가 여름 방학이 되면 입소해 평균 8주간의 군사 훈련을 받는 하계군사학교 체제로 운영되었던 해외 최초의 한인사관학교였다. 과정은 3년이었으며 첫해 생도는 13명이었다.

“조선이 그 지경이 되었는데, 철학을 배워 어디에 쓰겠고, 신학을 배워 무슨 말로 전도하겠소. 무기가 필요하고, 힘이 필요합니다. 무기와 힘이 없다면 독립은 할 수 없지요."

박용만은 학교 운영 자금 마련을 위해 캘리포니아 지역을 순회해 총과 기금을 모금했다. 많은 한인들이 그의 활동을 지지했고, 그는 모인 기금으로 군복과 유니폼을 구입하고, 교사들 급료를 지불했다.

한인소년병학교에는 6년간 170여 명의 학생들이 등록했고, 졸업생은 40명가량이 되었다. 해외 최초의 한인사관학교인 소년병학교는 이후 1919년 만주에 설립된 신흥무관학교에도 영향을 줄 정도로 항일 무장 투쟁을 이끌고 민족의식을 높이는 데 큰 역할을 했다. 소년병학교 출신인 유일한, 한시, 신형호, 홍승국 등은 이후 재미 한인 사회의 실질적 중견 지도자로 활동하며 국권회복 운동을 전개했다.

"해마다 입학생 수가 줄고 있습니다. 아무래도 더는 유지하기 어려울 것 같습니다."

"어찌 자기들의 조국이 강탈되었는데도 분노하지 않고, 싸울 생각을 하지 않는지 모르겠소."

"일본의 압력도 점점 심해지고 있습니다."

"왜놈들이 여기까지 힘을 뻗고 있으니 정말 큰일이네."

박용만은 마음이 답답했다. 하지만 해가 지날수록 미국 한인들은 당장 싸울 수도 없는 현실과 눈앞에 닥친 자신들의 생계 문제 때문에 조국의 독립과는 멀어져 갔다. 또한, 한인소년병학교를 감시하고, 해체하려는 일본의 압력도 계속되었다. 한인소년병학교에 입학하는 학생 수는 점점 줄어들었고, 결국 1914년에 문을 닫았다.

그 뒤 박용만은 만주와 베이징에서 오랜 기간 무력 항일 투쟁을 벌였다. 그는 함께 독립운동을 했던 이승만과 독립운동의 방향이 달랐고, 상해 임시 정부와도 뜻이 맞지 않아서 독자적인 독립군 단체를 만들었다. 독립군 단체의 기금을 마련하기 위해 많은 일을 하고, 여러 단체와 관계를 맺었다.

1927년 4월, 박용만은 호놀룰루 팔라마에 국어 학교를 설립했다. 학교 이름은 우성학교이며, 직접 초등 국어 교과서를 편찬해 교재로 사용했다. 그가 국어 학교를 설립하고, 직접 초등학교 교과서를 편찬할 수 있었던 것은 재미 교포 단체인 대한인국민회의 기관지 《신한민보》의 편집자로 일했고, 한국 고대사와 어학 연구를 해 왔기 때문이다. 그는 한글을 깨치는 것이 독립으로 가는 지름길임을 알고 있었다.

"한 민족이 살아남기 위해서는 모국어를 읽고, 쓰고, 들을 수

우성학교

있어야 합니다. 그래서 이 책이 필요합니다."

박용만은 해외에 이주한 한인들이 모국어인 한글을 쉽게 배울 수 있도록 《조선말 독본 첫 책》과 한 달 뒤에 《조선말 교과서 둘째 책》을 교과서로 편찬했다.

"국한문을 섞어 쓰는 것은 조선 문학 발달을 크게 방해하는 일입니다. 아이들에게 한자가 아닌 한글을 가르쳐야 합니다. 한글을 통해서 아이들은 조선의 문화를 배우고 키울 수 있습니다."

그가 만든 교과서는 한글의 자음과 모음을 일본어와 영어로 표기해 놓아 해외로 이주한 한국인들이 모국어를 쉽게 배울 수 있도록 했다. 그림을 곁들여 쉬운 이야기로 만들어 어렵지 않게 하고, 난이도의 단계를 두었다. 또한, 문제를 내어 글을 읽은 후 풀도록 한 것이 특징이다. 박용만은 한자가 아닌 한글을 쓰고 익힐 것을 강조했으며, 아이들이 쉽게 글을 배울 수 있는 다양한 방법들을 제시했다.

"이 책은 온전히 아이들을 위해 쓴 것입니다. 이 책으로 글을 가르친다기보다 말을 가르쳐야 합니다. 집에서나 학교에서 아이들에게 그림을 보여 주고 말로 해석하여 그 말을 다시 옮기게 하십시오."

박용만은 책 뒤표지에 이렇게 적어 교사들과 학부모들에게

당부했다.

"조선 국문도 영어처럼 가로쓰기하면 시간과 금전적 이익이 클 것입니다. 그러니 가로쓰기를 익혀야 할 것입니다."

그는 알파벳 필기체처럼 글자를 흘려 쓴 초서체도 만들었다. 한자를 통해 세로쓰기가 익숙했던 1927년에 가로쓰기를 생각했다는 것은 그가 얼마나 깊이 한글을 이해하고 있었는지를 알게 한다.

"처음 글을 익히는 아이들에게 부담을 주어서는 안 됩니다. 글을 익히는 데 부담을 가지면 글 읽기를 거부하거나 싫어할 수 있습니다."

그래서 그는 자신이 쓴 책들에서 가로쓰기와 초서체를 쓰자고 강력하게 주장하지 않았다. 아이들이 우선 글을 쉽게 읽도록 하는 데 초점을 맞췄다.

박용만은 이 두 권의 한글 교과서에 이어 계속 교과서를 출간하고자 계획했다. 그는 조선 국문 교과서를 통해서 어린아이들에게 조선의 민족혼을 키우게 하고, 나아가 독립운동가로 육성하고자 했다. 하지만 그의 이런 계획은 그만 물거품이 되고 말았다.

1928년 그는 변절자로 오해를 받고, 총으로 피살당했다. 머나먼 해외에서 그가 꿈꾼 한글 교육은 그렇게 아쉽게 막을 내렸다. 박용만은 죽기 전 훗날 조선어 학회를 이끈 이극로를 만났다. 이극로는 박용만을 만나 더욱 국어 운동이 필요하다 느끼고, 국어 운동에 몰두하리라는 결심을 다졌다.

일제 강점기와 조선어 말살 정책

대한 제국

1897년 고종은 조선의 이름을 대한 제국으로 바꾸고 대한 제국 수립을 선포한다. 외국 세력의 압박과 침탈로 조선의 자주성이 크게 위협받자, 고종은 자주 의지를 널리 알리며 나라를 다시 일으키고자 국호를 조선에서 대한 제국으로 고치고, 황제로 즉위했다. 황제로 즉위한 고종은 미뤘던 명성 황후의 국장을 치렀고, 과거 청나라 사신들이 드나들던 영은문을 허물고 독립문을 세웠다. 하지만 1910년 8월 29일 한일 병합 조약으로, 대한 제국은 일본 제국의 식민지가 되었다. 이 이름에 사용된 '대한'은 대한민국 임시 정부를 거쳐, 오늘날의 공화국인 대한민국 국호로 이어지고 있다.

일제 강점기

1905년 11월 17일 일제는 대한 제국의 외교권을 뺏는 을사늑약을 체결했다. 이 조약으로 대한 제국은 일제의 보호국이 되었다. 일제에 협조했던 이완용, 이지용 등의 친일파와 이토 히로부미가 고종을 위협하고 국새와 관인을 훔쳐서 조약에 도장을 찍었다.

1905년 7월, 미국과 일본은 비밀 회담을 갖고 가쓰라-태프트 밀약을 체결했다. 미국과 일본은 서로 필리핀과 대한 제국의 식민지 경영을 눈감아 주기로 한다. 이어 일본은 영국과 영일 동맹 내용을 새로 고치면서 대한 제국에 대한 여러 가지 권리를 인정받는 대가로 영국이 인도를 식민지로 지배하는 것을 지지해 주기로 한다. 러시아와도 9월에 강화 조약을 맺고, 앞으로 대한 제국의 일에 간섭하지 않는 약속을 받아 낸다. 일본은 수십 년 동안 집요하게 공작을 펼쳐 대한 제국에 들어온 미국, 영국, 러시아 세력을 내쫓고, 마침내 독점적 지배권을 확보하게 되었다.

일제는 1907년 7월 24일에는 헤이그 특사 사건을 빌미로 압력을 넣어 고종을 황제 자리에서 내려오게 만들고, 대한 제국의 국내 정치를 가로채는 한일 신협약(정미협약, 정미7늑약, 제2차 을사늑약 등으로 부름)을 체결했다. 이 일로 고종은 황제 자리에서 강제로 내려오고 아들인 순종이 황제가 된다. 고종은 대한 제국이 일제에 병합된 이후에는 사실상 모든 권한을 잃고 일본 천황의 신하로서 '창덕궁 이왕'으로 불리며 창덕궁에 거처했다.

1910년 8월 29일, 일본은 안중근의 이토 히로부미 살해를 빌미로 대한 제국을 완전히 손에 넣는 한일 병합 조약을 체결했다. 내용은 대한 제국의 모든 통치권을 일본 천황에게 넘겨주고 대한 제국을 일본 제국에 병합한다는 것이다. 또한 국호를 다시 조선이라고 바꾸고, 조선을 완전 병합한다. 일본의 이러한 공작은 이완용과 일진회 등 친일파와 친일 단체를 이용해 치밀하게 진행되었다. 나라와 나라끼리 통합하는 큰일이라 두 나라 황제가 함께 발표해야 했지만 순종 대신 이완용이 위임장을 받아 반포했다. 1910년 8월 29일 강제 병합이 선포된 후 대한 제국의 명칭은 다시 조선으로 변경되고, 국어도 하루아침에 조선어로 바뀌게 되었다.

제1차 조선 교육령(1911~1922년)

일본은 조선인의 정신과 판단력을 떨어뜨리는 우민 정책을 실시했다. 조선은 정치적 자각을 갖지 못한 국가이며, 조선인들은 무지한 국민이라 가르쳤다. 일제의 조선인에 대한 교육 정책은 기존의 조선 역사 왜곡에 치중되어 있었다.

1911년 8월 제1차 조선 교육령이 발표되었다. 이는 조선어 말살의 첫걸음이었다. 민족 교육을 말살하기 위해 학교와 교육에 대한 제도를 모두 일본과 같이 바꾸었다. 관립과 공립 학교에는 일본인 교사를 파견해 운영하도록 했고 사립 학교에도 압박을 주었다. 제1차 조선 교육령 시행 초기부터 보통학교에서 일본어가 독립된 국어 과목으로 바뀌었고, 조선어와 한자가 한 개 과목으로 통합되었다. 일본어가 공식 표준어가 되어 조선어는 학교 교육에서 제외시켰다. 일본어 수업 시간은 주당 5~7시간 배당되었으나, 조선어와 한자는 통합 과목이면서도 2시간이 배당되었다.

1909년에는 소학교를 보통학교, 중학교를 고등학교로 명칭을 아예 바꿨고, 사립 학교에도 일본인 교사를 의무적으로 두어 일본어를 필수 과목으로 가르치게 했다. 조선 역사와 지리 과목은 축소하거나 폐지했다. 사립 학교 조선인 학생은 무조건 일본어, 일본 역사, 일본 지리 등을 이수해야만 했다. 일제의 조선인 교육은 일본어를 보급하기 위한 목적이었다.

교사들은 일본식 칼을 차고 수업하도록 했으며, 1915년 3월부터는 종교 과목을 없애고, 일본어를 할 수 있는 교사를 채용하는 한편, 일본어를 할 수 없는 교사는 배제했다. 조선인을 위한 교육 정책과는 거리가 멀었다. 보통학교 교육은 상급 학교 진학이 아니라 일제에 충성하고 필요한 인력을 만드는 것이 목적이었다.

기독교 선교회에서 외국인이 신청한 설립인가는 그대로 받아 주면서도 조선인이 신청을 내면 거의 받아 주지 않았고 친일 교육에 순응한 학교로 인정되는 경우에만 허가했다. 일제의 압박으로 1년 동안 조선인이 운영하던 학교는 3천여 개가 폐교당하거나 자진 폐교했다. 한편 서당과 같은 전통적 교육 기관은 이에 반발해 서당 설립 운동을 벌였지만 일제의 압박과 전통적 교육 방식을 고집해 급격히 사라지게 되었다.

제2차 조선 교육령(1922~1938년)

제1차 세계 대전이 끝난 후 미국의 우드로 윌슨 대통령이 민족자결주의를 주장함에 따라 1919년 3·1 운동이 궐기했고, 전국적으로 평화적인 만세 시위가 일어났다. 일본은 이를 적극적으로 탄압했으나 끝내 실패하자, 조선인을 회유하며, 무력을 쓰지 않는 문화 정치를 내세웠다. 문화 정치에 발맞춰 제2차 교육령이 조선인 학생과 일본인 학생에 대한 교육 차별을 없앤다는 취지에서 시작되었다. 하지만 이 교육령으로 조선인에 대한 차별이 더욱 높아져 원망을 샀다. 겉으로는 조선인 학생과 일본인 학생을 평등하게 대하는 교육 정책을 내세웠지만 실제로 실시되었던 교과 과정에는 조선어와 한자 시간을 더 줄이고, 일본어 시간을 늘렸다. 조선의 역사와 지리는 교과목에 포함하지 않고 일본 관련 내용만 포함했다. 조선인 학생들에게 일본어로 자유롭게 의사 표현할 수 있는 능력을 기르게 하고, 일본 문학에 대한 취미를 갖게 하는 것이 핵심이었다. 반면 조선어에 대한 교육은 일상 언어와 문장을 읽고 이해하며, 실용적인 문장을 쓰는 정도에 머물렀다. 이러한 교육령은 일본어와 일본 역사를 강화해서 조선인에게 문화적인 열등감을 심어 주었고, 법률 교육을 통해 조선인에게 공포감을 주었다.

이에 국내 지식인들이 제2차 교육령이 일본에 충성하는 조선인 노예 교육임을 깨닫고 일제히 항의했다. 1920년 4월 11일 자 《동아일보》에는 조선인의 교육 용어를 일본어로 강제하는 것을 폐지하라는 글이 실렸고, 6월 15일에는 조선인들이 조선말로 대화해야 한다는 글이 게재됐다.

1921년에는 조선어 연구회가 정식으로 만들어졌다. 당시 일제는 문화 통치(일제의 식민지 통치 방식, 유화 정책)를 내세우고 있었고, 조선인 통치에 필요한 한글 철자법을 빨리 정리하고자, 조선어 연구회를 압박하지 않고 그대로 뒀다. 조선어 학회의 이전 단체인 조선어 연구회는 이 시기에 한글 강습회와 강연회를 열었고, '가갸날'을 만드는 등 본격적인 국어 운동을 시작했다. '가갸날'은 한글날의 처음 이름이다.

제3차, 제4차 조선 교육령(1938~1943년, 1943~1945년)

1937년 중일 전쟁이 일어나고 1941년에는 태평양 전쟁이 시작되었다. 일제는 이 시기에 조선에서의 식민지 통치 방침을 일본과 조선이 한 몸이라는 '내선일체'를 구호로 내세우며 강력한 동화 정책으로 바꾸었다. 그 일환으로 조선인 교육 기관과 일본인 교육 기관의 명칭을 통일하는 교육 개혁 정책을 전개했다. 조선인 교육 기관인 보통학교(초등학교)의 기간을 4년에서 6년으로 변경했다. 그러나 이러한 변화에도 불구하고 실제로 조선인 보통학교는 일본인이 다니는 6년제가 아닌 대부분 4년제였다. 이는 이후 상급 학교에 진학하는 데에 조선인과 일본인 학생의 차별을 여전하게 했다. 결국 제3차 교육령 역시 무늬만 평등을 외쳤다.

제3차 교육령에서는 일본이 대외 전쟁에 열을 올리는 영향으로 군사 교육과 일본에 대한 충성심을 강조하는 교육이 중심이었다. 이 기간 동안 일본은 조선으로부터 전쟁에 필요한 물자 공급과 인력 지원의 지지를 받아 내기 위해 조선과 일본의 평등 개념을 부각했다. 하지만 어느 면에서도 평등은 이뤄지지 않았다. 오히려 내선일체, 창씨개명 등을 통해, 조선의 고유문화를 파괴하고, 한민족임을 부정하는 교육 정책을 폈다.

내선일체

'내선일체'는 일제 강점기 조선을 일본에 완전히 통합하고자 일제가 내세운 표어다. 일본과 조선이 한 몸이라는 뜻을 담고 있다. 이는 조선인의 민족 정체성을 없애 일본으로 편입시키려는 민족 말살 정책에서 나왔다. 일제는 조선을 합병한 후 점차 조선에서 일본어 교육을 실시해 나갔고, 조선의 모든 민족적인 문화 활동을 금지하고 일본어 교육을 강요함으로써 조선의 민족성을 말살하려고 했다. 이러한 탄압은 중일 전쟁 이후에 더욱 강화되어, 1938년 이후 부분적으로 시행되던 조선어 교육이 폐지되었다.

민족 말살 정책 – 창씨개명(일본식 성명 강요)

1940년 2월 11일부터 1945년 8월 15일 광복 직전까지 일제는 조선인에게 일본식 성씨를 정해 쓰도록 강요했다. 조선 총독부는 1940년 2월 11일부터 8월 10일까지 각자 '씨(氏)'를 정해서 제출하라고 명령했다. 일부 친일파들은 자발적으로 창씨개명에 응하기도 했으나 희망하는 조선인은 극히 적었다. 이에 조선 총독부는 강제로 일본 이름으로 변경하도록 했다.

1946년 창씨한 성씨는 폐지되었고, 창씨개명을 했던 조선인들은 본래의 성명을 회복했다.

2장

《말모이》와 주시경의 제자들

김
두
봉

주시경의 사상을 잇다

김두봉(1889년~미상)은 독립운동가이자 언론인, 한글학자이며, 조선민주주의인민공화국의 정치인이다. 한글 사전인 《조선말본》과 《깁더조선말본》의 저자이며, 《말모이》의 공저자다. 일제 강점기 시절 중국으로 망명해 대한민국 임시 정부에서 잠시 활동했다. 광복 뒤에는 북한의 정치인으로 살아갔으며, 통일 정부를 구성하자며 한국 전쟁을 일으키는 데 동조했다. 1958년에는 김일성과의 권력 투쟁에서 패하며 숙청된 것으로 추정되며, 정확한 사망 시기는 알 수 없다.

주시경의 갑작스러운 죽음으로 《말모이》 편찬뿐만 아니라 주시경이 가르치던 많은 학교의 수업도 문제가 되었다. 학교에서는 새 교사를 구하지 못한 채 수업이 이뤄지지 않았다. 일제는 이 기회를 놓치지 않고, 교묘하게 조선어 교육을 수업에서 빼도록 했다.

주시경과 《말모이》 편찬 작업을 하던 제자들은 모여 학교 수업을 어떻게 할지 의논했다.

"수업을 어쩌지요?

"주 선생님이 한글 교육은 민족 교육이라고 하지 않았습니까. 그러니 어떻게 해서라도 한글 교육을 계속할 수 있게 만들어야죠."

"우리가 각 학교에 가서 국어를 가르칩시다."

장지영은 권덕규와 다른 이들에게 함께 조선어를 가르치자고 했다.

"그럼, 《말모이》는 어떻게 합니까?"

김두봉이 잠자코 듣고 있다가 말문을 열었다. 모두 김두봉과 장지영을 번갈아 쳐다보았다. 잠시 싸늘한 공기가 방 안을 휘감았다. 장지영이 먼저 말을 꺼냈다.

"《말모이》도 중요하지만, 국어 교육이 더 먼저입니다. 이렇게 손 놓고 있다가는 일본이 조선어 수업 시간을 모두 없앨 겁니다. 지금도 얼마나 악랄하게 국어 교육을 못 하게 막고 있는데, 학교에서 조선어 수업 시간이 사라지는 일은 반드시 막아야 합니다.”

장지영이 힘주어 말하자, 다들 그의 말에 동의했다. 김두봉 역시 고개를 끄덕였다. 하지만 마음 한편으로는 《말모이》를 먼저 마무리 지어야 한다는 생각이 남아 있었다.

“《말모이》 작업도 더는 늦어서는 안 됩니다. 이제 조금만 하면 되지 않습니까?”

김두봉 말에 누군가 먼저 낮에는 각자 학교에서 아이들을 가르치고, 저녁에 모여서 《말모이》를 계속 진행하자고 했다. 모두 그러면 되겠다고 고개를 끄덕였다.

김두봉, 장지영, 권덕규, 신명균은 주시경이 교편을 잡았던 학교 교장을 찾아가 그들을 설득시켜, 스승인 주시경의 교편을 이어 잡았다. 김두봉이 휘문의숙, 장지영이 경신학교, 권덕규가 중앙학교, 신명균이 보성학교에서 조선어 교육을 하게 되었다.

“오늘도 결국 혼자구나.”

김두봉은 한숨을 내쉬었다. 학생들을 가르치며 《말모이》를 만드는 일도 계속 이어 나가기로 했으나 그것이 말처럼 쉽지가 않았다. 다들 학교 일로 바빠 시간을 낼 수가 없었다.

그는 하늘에 뜬 달을 보며 생각에 잠겼다. 어린 시절 부산에서 홀로 서울로 올라왔던 일이 떠올랐다. 백두산 호랑이 같았던 김두봉의 아버지는 일본인이 세운 보통학교에 김두봉을 절대 보내지 않겠다고 고집했다. 결국 김두봉은 어린 나이에 가족과 떨어져 홀로 서울에 있는 기호학교에 입학해 공부를 하게 되었다. 기호학교는 애국계몽운동단체인 기호흥학회에서 설립한 교육기관이었다. 엄격했지만 강인한 아버지의 영향과 애국계몽학교의 교육으로 김두봉 역시 엄격한 민족의식을 갖고 있었다.

김두봉은 주시경을 만났던 날을 떠올렸다. 그날을 잊지 못한다. 우리말의 말본을 짓고 가르치는 일에 혼신을 다하는 주시경의 모습에 가슴이 벅차 눈물이 쏟아졌다. 김두봉은 주시경이 말한 언어가 살아 있어야 민족이 살 수 있다는 이야기에 가슴속에 숨어 있던 뜨거운 불꽃이 타올랐다. 주시경과 함께 《말모이》를 만드는 나날은 몸이 힘들었지만, 마음은 하나도 고단하지 않았다. 《말모이》를 만들고자 하는 열정이 가득한 주시경, 그리고 함께하는 벗들이 있어 늘 마음이 벅차고 기뻤다. 그런데 이제 아무도 남지 않았다. 《말모이》는 점점 멀어져 갔고, 벗들도 하나둘 각자 일상의 일로 바빠졌다.

"혼자라도 스승님의 뜻을 완성해야 해. 반드시 《말모이》를 편찬해서, 우리 얼을 살려야 해."

김두봉은 혼자서라도 《말모이》를 편찬하자고 다짐했다.

주시경이 세상을 뜬 지 2년 뒤인 1916년 4월, 김두봉은 스승의 뜻을 계승해 한글 국어사전인 《조선말본》을 완성하고 발행했다.

"슬프다, 지난여름 우리 한힌샘(주시경) 스승님이 돌아가시고,
부족한 내가 이렇게 말본을 지었구나.
스승님이 낸 ≪조선말글본≫이 있으나 이는 지은 지
너무 오랜 것이라 늘 고쳐 만드시려다가 가르치시는 일이 너무
바빠 마침내 이루지 못하고 돌아가셨으므로,
이제 말본이 매우 아쉬울 뿐이다……."

김두봉은 책 머리말에 이렇게 적고 있다. 이 책은 우리말의 이해를 돕기 위해 대부분 한글로 썼으며, 한자어가 거의 나오지 않는 한글 책이다. 이해를 돕기 위해 꼭 필요한 곳에만 한자도 함께 썼다. 주시경의 문법 이론을 기본으로 해서 만들어진 이 책은 그때까지 나온 한글 문법서 중 가장 깊이 있는 책으로 평가되었다.

김두봉은 조선어강습원과 학교에서 한글을 가르치며 학생들

에게 민족혼을 불어넣으려고 애를 썼다. 또한, 1915년 경성보통고등학교 학생들을 중심으로 '조선식산장려계'라는 비밀 모임을 만들기도 했다. 이 모임은 조선의 경제적 자립을 이뤄 식민지 구속에서 벗어나고자 하는 것이었다. 김두봉은 이 비밀 모임을 꾸려 가다 일제에게 발각되어 교단에서 쫓겨나게 되었다. 그러나 그는 무허가 한글 강습소에서 몰래 학생들을 가르치고, 조선의 독립을 꿈꾸었다.

"선생님, 소식 들으셨습니까?"

"저희도 무언가를 해야 되지 않겠습니까?"

"이대로 있을 수 없습니다."

"일제의 만행을 두고 볼 수 없습니다."

김두봉의 제자들은 여기저기서 들려오는 <독립 선언서> 얘기를 꺼냈다.

작년부터 <독립 선언서>를 발표하자는 얘기가 천도교 측에서 꾸준히 나오고 있었다. 그들은 불교, 기독교, 유림 등 모든 종교인, 지식인 들과 합의해서, 민족 대표를 뽑고, <독립 선언서>를 함께하자고 했다. 당시 고종 황제가 갑작스럽게 세상을 뜨고, 조선인들의 반일 감정이 극에 다다르고 있었다.

1919년 3월 1일 오후 2시, 민족 대표 33인이 서울 인사동 태

독립선언서

화관에 모여 독립 선언식을 열고, <독립 선언서>를 읽은 후 대한 독립 만세를 힘차게 외쳤다. 이 소식을 접한 일본 경찰들은 즉각 달려와서 그들을 연행했다. 하지만 같은 시각 독립 선언식을 기다리는 수많은 학생들이 오전 수업을 마치고, 탑골 공원에서 기다리고 있었다. 원래 독립 선언식은 탑골 공원에서 열리기로 했으나 수많은 학생들이 다칠 것을 염려해서 장소를 변경한 것이었다. 오후 2시가 되어도 민족 대표들이 나타나지 않자, 한 청년이 <독립 선언서>를 낭독했다. 수많은 학생들이 대한 독립 만세를 외치며 종로 쪽으로 나아갔다. 학생들과 군중들의 만세 소리가 서울 시내를 들썩였다. 김두봉과 그의 제자들 역시 <독립 선언서>를 사람들에게 나눠 주며 시위에 참여했다.

김두봉은 <독립 선언서> 배포와 시위에 참여했다는 혐의로 일본 경찰에게 쫓기는 신세가 되었다.

한 달 뒤 김두봉은 상해로 떠났고, 상해에서 잠시 독립운동을 했지만 그는 줄곧 조선어 사전 편찬 작업에 마음을 두고 있었다.

1922년 그는 새로운 조선어 사전을 펴냈다. 깁고 더 보탰다는 뜻을 담은 《깁더조선말본》이다. 그는 이 책을 발간하면서 많은 어려움을 겪었다. 인쇄를 부탁할 곳이 없었고, 활자를 만드느라 애썼다. 인쇄 상태가 바르지 못하다고 머리말에 죄송하다는 글을 싣기도 했다. 이 책은 국내 신문에 보도될 정도로, 국내의 한글 운동에 적지 않은 영향을 끼쳤다. 김두봉은 이 사전이 나오기까지 이극로의 도움을 많이 받았는데, 이극로가 훗날 조선어 학회에 가입해 활동하게 하는 큰 역할을 했다.

1929년 경성(서울의 전 이름)에서는 조선어 연구회의 조선어 사전 편찬회가 조직되고, 조선어 사전 편찬 사업을 다시 시작했다. 장지영, 이윤재, 최현배 등이 이 작업에 뛰어들었다. 그들은 김두봉이 상하이로 가져간 《말모이》 원고가 필요했다. 이윤재는 일제의 눈을 피해 직접 상해로 가서 김두봉을 만났다.

"형님! 건강하십니까?"

"동생, 이리 멀리 어쩐 일이오?"

이윤재는 조선어 사전 편찬회가 만들어지고, 사업을 시작하고 있다는 소식을 들려주었다.

"참말로 잘된 일이오. 내가 도울 일이 없겠소?"

"그래서 말입니다. 《말모이》 원고가 필요합니다."

"당연하지요. 내가 정리해서 보내 주겠소."

김두봉은 흔쾌히 허락하며 말을 덧붙였다.

"조선어 사전 편찬도 중요하지만, 조선 어문을 민중에게 널리 알리는 일이 더욱 중요하오. 그래야만 조선의 얼과 전통이 유지, 발전할 수 있다네. 조선 독립의 힘을 길러야 하네."

1945년 8월 조선은 일제로부터 독립했다. 하지만 남북으로 나뉘어, 남쪽은 미군이, 북쪽은 소련군이 각각 차지하고 있었다.

"어디로 가실 생각이십니까?"

"북쪽으로 가려고 생각 중입니다."

1945년 12월 김두봉은 함께 독립운동을 하던 이들과 같이 북쪽으로 귀국했다. 그는 남쪽에는 이미 많은 국어학자가 있었기에, 자신은 북쪽에서 조선어 연구를 해 남북이 하나 된 조선어 사전을 만들고자 했다. 하지만 북은 이미 권력 구조가 김일성 중심으로 돌아가고 있었고, 김두봉의 꿈은 실현되지 못했다.

이
상
춘

한글 사전 원고를 기증하다

이상춘(1882년~미상)은 개성에서 태어나 송도고등보통학교와 루씨여자고등보통학교 등에서 교사로 지냈고, 개성고등여학교 교장을 맡은 교육자다. 남극 탐험을 다룬 최초의 소설 《서해풍파》, 《박연폭포》 등을 쓴 작가이기도 하고, 조선어 학회의 한글 맞춤법 초안작성위원, 조선어 사전 편찬위원회 준비위원을 지내는 등 우리말에도 관심이 많았던 한국어학자이기도 하다. 조선어 강습회에서 열성적으로 강의했고, 자신이 모은 7만 어휘를 조선어 학회에 기증했다.

“이 선생님, 학교 끝나고 뭐 하세요? 같이 저녁 먹으러 가실래요?”

“아닙니다. 저는 집에 가서 할 일이 있어서……. 죄송합니다.”

이상춘은 함께 저녁을 먹자는 동료들을 뿌리치고, 교실 문을 나섰다. 벌써 몇 년째 이런 일이 반복되고 있었다.

“이 선생님은 무슨 일이 저리 바쁘신지. 매번 같이하시지 않으시네요.”

“주시경 선생이 살아 있을 때는 국어 강습소에도 다니느라 바빴지요. 지금은 조선어 어휘를 수집한다고 들었어요.”

이 선생과 다소 친분이 있는 김 선생이 알은척했다.

“아니, 무얼 하려고 조선어 어휘를 수집하는 건가요?”

“조선어 사전을 만든다고 합니다.”

“네? 조선어 사전을 만든다고요?”

선생들은 모두 눈을 동그랗게 떴다.

“어디 이 선생님이 혼자 사전을 만들기가 쉽겠습니까? 주시경 선생이 허망하게 간 뒤 조선어 학회에서 그렇게 노력을 하는데도 진척이 없는데요.”

김 선생 말에 모두 고개를 끄덕였다. 조선어 학회에서 조선어 사전을 만들기 위해 애쓴다는 걸 조선인 누구라도 알고 있었다. 조선의 엘리트라고 하는 명망 있는 인재들이 모두 모여서 조선어 사전을 만들자고 한 게 얼마나 오래되었는가? 조선인 모두가 애쓰고 있지만 10년이 지나도록 사전은 좀처럼 나오지 않고 있었다. 그들은 이 선생이 홀로 무모한 일에 애쓴다며 안타까워했다. 이상춘은 특히 방언 수집에 애정을 품고 있었다. 1927년에는 동인지 《한글》 6호에 자신의 고향 말인 개성의 송도 방언을 소개하기도 했다.

1929년 11월이 되자 날씨는 하루가 다르게 달라졌다. 쌀랑한 기운과 함께 찬바람에 거리의 나뭇잎들이 우수수 떨어졌다. 밖에서 저벅저벅 누군가의 발걸음 소리가 들려왔다. 곧 조선어 연구회 사무실 문을 두드리는 소리가 울렸다.

"들어오시오."

홀로 사무실을 지키던 조선어 연구회 간사는 문이 열리자 고개를 들었다. 간사는 들어오는 이의 익숙한 얼굴을 살피며 누구인지 떠올렸다.

"아, 이 선생님."

이상춘이 연구회 사무실로 들어왔다. 그는 개성보통학교 선생으로, 조선어 연구회가 설립되기 이전부터 홀로 조선어를 연구하고 방언을 수집한다고 소문난 이었다. 간사는 몇 년 전 조선어 강습에서 그의 강연을 들은 적도 있었다.

"어쩐 일로 여기까지 오셨습니까?"

간사는 중앙에 있는 작은 의자에 자리를 권하며 이상춘에게 물었다. 이상춘이 들고 온 커다란 두 개의 보따리에 시선이 집중되었다.

'저건 무엇일까?'

두 개의 큼직한 보따리는 무게가 꽤 나가 보였다.

"잘 지내시지요?"

"네, 덕분에 잘 지내고 있습니다. 홀로 일하고 계신가 봅니다. 다른 분들은……?"

이상춘은 어수선한 사무실을 둘러보다가 말끝을 흐렸다. 대답을 듣지 않아도 연구회 사무실 형편이 어렵다는 건 짐작할 수 있었다.

"네. 요즘은 저 혼자 지키고 있습니다. 사전 편찬 작업이 오랫동안 지지부진하다 보니 하나둘 떠나가고……, 아무래도 먹고 사는 문제가 제일 크지요."

간사는 마치 사전 편찬 작업이 늦어지는 게 자신의 죄인 것

같아 마음이 편치 않았다.

“그렇지요. 사전 편찬 작업이 쉬운 일이 아니지요. 누구나 오래 걸릴 거라 예상합니다.”

이상춘은 굳은 얼굴로 고개를 끄덕였다. 세계 어느 나라에서도 쉽게 사전을 만든 나라가 없었다. 한 나라의 말을 담는 사전 제작이 어려운 일이라는 것을 조선인 누구나 잘 알고 있었다. 더군다나 지금 조선은 일제의 식민 지배에 있지 않은가. 나라말이 풍전등화처럼 언제 어떻게 사라질지 아무도 알 수 없었다.

“……선생님이 ‘한글은 곧 우리 민족의 얼이자, 우리 민족 그 자체’라고 하셨습니다.”

이상춘이 다시 말을 꺼냈다. 간사는 진중히 고개를 끄덕였다. 주시경 선생의 말이다. 그는 주 선생을 떠올리며 안타까움에 까슬한 턱수염을 만지작거렸다. 주 선생이 살아 있었다면 벌써 조선어 사전이 완성되었을지도 모른다. 주 선생이 해 왔던 《말모이》 사업이 그렇게 흐지부지 사라지지 않았을 것이다.

‘선생님이 그렇게 허망하게 가시지 않았으면 좋았을 텐데…….’

둘은 주 선생을 떠올리며 같은 생각을 했다. 이상춘과 간사는 모두 주시경 선생의 제자였다. 이상춘은 가지고 온 보따리를 풀기 시작했다. 간사는 보따리에 무엇이 있는지 궁금한 눈빛으로 숨죽여 그가 하는 모습을 지켜보았다.

"이것은 제가 모은 어휘입니다."

"네?"

"'가'부터 '하'까지 어휘로 총 7만여 어휘 정도 됩니다."

간사는 이상춘이 하는 말을 제대로 이해하지 못하고 어휘 카드를 들춰 보기 시작했다. '가'부터 시작된 어휘 카드에는 한 개의 어휘에 다양한 뜻풀이까지 상세히 적혀 있었다.

먹으로 한 자 한 자 바르게 쓴 어휘 카드는 두 개의 보따리에 가득 쌓여 있었다. 간사는 방대한 어휘 카드에 놀라 잠시 벌어진 입을 다물지 못했다. 한 개인이 7만 어휘를 모으는 일도 어려울 텐데, 뜻풀이까지 빼곡히 적은 그의 열정에 감격스러웠다. 조선어 학회가 생기고 조선어 강습소 교사들이 어휘를 모으고, 전국 방방곡곡에서 조선인들이 어휘를 모으고 있었지만 그 일이 결코 쉽지 않았다. 대체 이렇게 많은 어휘를 어떻게 한 사람이 모으고 정리했는지 그가 얼마나 노력했는지 짐작하기조차 어려웠다.

"선생님, 어떻게 이렇게 어려운 일을 해내셨습니까?"

간사는 어휘 카드 위에 두 손을 공손히 올리며 물었다.

"조선어는 조선인이 함께 쓰는 말입니다. 그러니 함께 바로

해돋이
자유
나무
닭
마음
기와
중심
허공
고을
닻
학교
스승
벼룩
춤사위

잡아야 할 의무가 있지요."

잠시 숨을 고른 이상춘이 이어 말했다.

"여기 계신 훌륭하신 분들이 그 일을 하고 있지만 저 같은 개인도 힘써 배우고, 함께 도와야 한다고 생각했습니다. 그래서 오랫동안 어휘를 모으고 정리했습니다. 이제 제가 할 수 있는 부분은 다 끝났습니다. 그래서 이 원고를 조선어 사전 편찬회에 넘기려고 합니다. 부디 조선어 사전 편찬에 도움이 되었으면 합니다."

이상춘은 무려 7년 동안 조선어 어휘들을 모았다.

"저희에게 넘기신다고요?"

간사는 매우 놀라며 되물었다.

"저희는 선생님의 수고에 금전적으로 아무것도 드릴 수 없습니다."

"괜찮습니다. 무엇을 바라고 이 일을 한 것이 아닙니다."

"하지만 이렇게 정리를 다 마친 것이라면 개인 출판도 가능하지 않습니까?"

간사는 출판인이 이 원고를 본다면 바로 출판을 하자고 덤벼들 것이라고 여겼다. 또한 돈을 벌 목적이 아니어도, 개인의 명예를 위해서도 아무도 쉽게 편찬회에 이 원고를 넘기지 못할 거라는 점도 알고 있었다.

"아닙니다. 제가 출판할 수 없습니다."

이상춘은 고개를 저으며 말을 이었다.

"사전은 한 민족의 전체 문화를 담는 보고입니다. 개인이 사전을 내는 것도 의미가 있겠지만, 우리 민족 모두가 인정할 수 있는 그런 사전이 되어야 한다고 생각합니다. 그러니 이곳에서 제 원고가 제대로 쓰여서 바르게 나오길 바랄 뿐입니다."

그는 사전이 한 개인의 저작물과는 다르며, 조선어 사전은 조선어 공동체의 규범을 정립할 수 있다고 여겼다.

'아, 이분은 정말 대단한 분이시구나.'

간사는 마음속으로 중얼거렸다.

"감사합니다, 선생님. 감사합니다."

간사는 이상춘 선생의 두 손을 꼭 맞잡고 울먹였다. 그동안 조선어 사전 편찬회가 설립되었지만 모두의 열정만큼 사전 편찬 작업은 앞으로 나아가지 못했다. 하지만 간사는 이상춘의 어휘 덕분에 사전 편찬 사업이 순풍에 돛을 단 배처럼 나아갈 것을 짐작할 수 있었다. 7만 어휘가 조선어 사전 편찬회 학자들의 마음에 큰 불씨가 되리라 믿었다.

이상춘은 평생 국어 교사로 일하며, 일반인과 학생들에게 조선어를 가르쳤다. ‘한글 맞춤법 통일안’ 제정과 관련된 활동을 했으며, 철자법과 관련한 각종 회의에 참여해, 실용적인 표기법의 중요성을 강조했다.

대종교와
한글학자들

한글학자 주시경, 김두봉, 이윤재, 신명균, 권덕규, 이병기, 최현배, 이극로, 김윤경, 정열모 등은 대종교를 믿었거나 교리를 이해한 사람들이다. 이처럼 조선 말기부터 대한 제국 시기까지, 구한말 대종교는 한글학자들과 깊은 연관이 있었다.

대종교와 독립운동

대종교는 조선 말기 문신이자 대한 제국의 독립운동가인 나철이 단군을 내세워 민족의 중심점을 세우고자 만들었다. 태고로부터 내려오는 고대 역사를 거슬러 올라가며, 세계를 창조하신 하느님을 믿는 종교다.

교주 나철은 을사늑약이 체결되자, 을사오적을 처단할 암살단을 만들었다. 매국노 처단에 앞장선 나철은 현장에서 체포되어 10년 형을 선고받았다. 그는 1907년 특별 사면으로 자유의 몸이 되자, 민족의식을 일깨우는 데 앞장섰고, 1909년 국조(나라의 시조) 단군을 숭상하는 단군교(대종교)를 만들어 세상에 알렸다.

"나라가 망하고 백성이 흩어진 이유는 오랫동안 중국 사상을 우러러보는 교육을 받아 민족의식이 가려졌기 때문이다. 이제부터라도 우리 민족에게 진실한 우리의 의식을 키워 민족의 부흥을 이룰 것이다."

조선의 독립을 앞세운 대종교의 메시지는 독립지사들을 중심으로 재빨리 퍼져 나갔다. 대다수 지식인들이 대종교인이 되었다. 대종교는 일제 강점기에 종교로서 역할보다는 항일 독립운동에 더 많은 공헌을 했다. 1910년 교명을 대종교로 바꾸고, 만주 북간도에 지사를 설치하며 세력을 키웠다. 그 당시 수많은 조선인이 만주로 이동했고, 망명한 독립지사들 역시 대다수 대종교의 신도가 되었다. 1915년 일제는 대종교를 반일 조직으로 규정해 포교를 금지했다. 1916년 나철이 스스로 목숨을 끊어 순교하자, 대종교인들은 다시 독립의 의지를 높이며 <무오독립선언서>를 발표하고, 일제에 저항했다. <무오독립선언서>에서는 일본이 조선의 주권을 침략해 뺏은 것이며, 민족적인 무력시위가 계속될 것임을 알리고 있다.

2대 교주인 김교헌은 고대사 역사서인 《신단설기》를 저술해 대종교의 역사의식을 드높이게 했다. 대종교인들은 3·1 운동 이후 만주로 들어가는 동포들을 포섭해 그들로 하여금 항일 구국 운동에 앞장서게 했다. 1920년 일본군을 크게 무찌른 봉오동 전투와 청산리 대첩의 장병들 대부분이 대종교인이었다. 독립군의 무력 항쟁으로 일제의 탄압이 날로 심해졌고, 이후 많은 교인이 체포되고 학살당했다.

대종교와 국어학자들

대종교는 국외에서는 무장 투쟁을 벌였고, 국내에서는 한글 운동을 전개했다. 주시경을 비롯한 그의 제자들은 민족의 정체성으로서 한글을 주장하고, 민족의 구심점으로 단군을 모셨다. 이들은 한글 운동을 전개했을 뿐만 아니라, 신문, 잡지, 강연 등을 통해 단군을 소개했다. 조선어 학회가 대종교의 국내 비밀 결사대인 듯 보이는 것은 조선어 학회의 일원들이 모두 주시경의 제자이기 때문이다. 주시경은 기독교 신앙을 가지고 있다가 대종교로 바꾸었다. 그가 신앙을 바꾸게 된 이유는 일본의 침략에 맞서 우리의 정신을 보존해야겠다는 결심 때문이었다. 주시경은 궁극적 존재로부터 언어가 나오고, 그 언어는 민족마다 다르다고 여겼다. 또한, 우리 민족 언어인 한글이 독립되어야 국가가 독립된다고 믿었다. 즉, 언어의 독립이 국가의 독립이라고 생각했다. 주시경은 1909년 대종교가 등장한 이후부터는 대종교의 교리와 비슷한 주장을 폈다. 1909년 《국문연구》와 1910년 《국어문법》을 통해 드러낸 역사관과 우리 국어의 출현이 단군의 강림에 의한 것이라는 주장 등은 대종교와 같다.

김두봉은 대종교인으로 활동했으며, 초대 교주 나철의 제자이며, 주시경의 수제자이기도 하다. 그는 나철을 수행해서 고조선의 도읍지라 여겼던 황해남도 구월산에 다녀오기도 했다. 최현배 역시 이상적인 단군의 '한배 나라'를 실현하자는 주장을 펼쳤다.

대종교와 조선어 학회 사건

조선어 학회 사건의 시작이 정태진에게 국어를 배웠던 함흥영생고등여학교 학생의 일기장으로 알려졌지만 일부는 대종교 3대 교주 윤세복과 조선어 학회를 이끌던 이극로의 관계 때문이라고 보기도 한다.

이극로는 1921년 만주에서 대종교를 처음 접한 뒤, 윤세복과 신채호 등을 통해 민족의식을 배워 갔다. 이 만남은 그의 인생에 큰 변화를 가져왔고, 그는 대종교의 신앙을 바탕으로 한글 운동에 뛰어들게 된다. 그는 대종교의 노래인 《한얼 노래》를 만들기도 했고, 대종교 4대 교주로 촉망받을 정도로 대종교인으로서 많은 일을 했다.

1942년 9월 5일에 발해에 대종교 교당 건립을 위한 글 <널리 펴는 말>을 썼고, 12월에 당시 대종교 교주였던 윤세복에게 보냈다. <널리 펴는 말>에는 우리의 정성과 힘을 다 발휘해서 교당을 짓고, 교육해 일꾼을 길러 내자는 내용이 담겼다. 하지만 일본 경찰은 이를 압수해 제목을 '조선독립선언서'로 바꾸고, 내용 중에 "일어나라, 움직이라"를 "봉기하자, 폭동하자"로 고쳤다. 이를 빌미로 일제는 조선어 학회 회원들을 모두 잡아들여서 유치장에 가둔 뒤, 치안 유지법을 앞세워 대종교 제거 작전에 들어갔다. 일제는 만주와 한반도 전역에 대종교 검거령을 내리고, 교주 윤세복과 대종교 간부 25명을 체포했다. 교주 윤세복은 무기 징역, 나머지 간부들은 중형을 선고받았다. 그들은 정치범 수용소에 갇혀서 악랄한 고문을 당하고, 10명이 목숨을 잃고, 대종교는 큰 타격을 받았다.

장
지
영

한글 보급 운동에 앞장서다

장지영(1887~1976년)은 주시경의 제자로 조선어 학회를 창립한 일원이며, 《조선일보》에서 문자 보급반 운동을 주도한 언론인이자 교사였다. 국립서울대학교 사범대학의 강사로 일했고, 세종중등국어교사양성소 소장을 지냈다. 연희대학교와 이화여자대학교에서 교편을 잡다가 6·25 전쟁 중이던 1950년 12월, 제주도로 피난해 제주도에서 생활했다. 1952년 11월 연희대학교와 이화여자대학교에 복직하고, 1957년 3월 이화여자대학교 교수직을 사임했고, 1958년 3월 연희대학교에서 정년으로 퇴임했다. 《국어입문》, 《옛글》, 《향가》 등을 저술했다.

주시경의 제자였던 장지영은 학교에서 학생들을 가르치는 교사였지만, 교육 말고도 독립과 관련한 다양한 일들을 추진했다.

1912년경에 유지들과 '물산장려회'를 조직해 무명을 손수 짜서 옷을 지어 입는 운동을 벌였고, 1913년경에는 독립운동 단체인 청년비밀결사대 '흰얼모'를 조직해 국내는 물론 상해 임시 정부와 연락하며 독립운동에 헌신했다. 1919년 2월 28일, 동지들과 고종 황제의 승하(죽음) 내막을 폭로해 국민들의 분노를 일으켰고, 3·1 운동을 돕기도 했다.

주시경의 죽음 이후 그는 경신학교에서 국어와 수학을 가르쳤다. 주시경의 제자들은 다들 학교에서 교편을 잡아 한글을 가르치고 있었다. 《말모이》 만드는 일을 이어 가려고 했으나 학교생활에 바빠 시간을 내기 쉽지 않았다. 더군다나 그나마 사전 만들기에 가장 열정적이었던 김두봉마저 상해로 떠나고 없었다. 장지영은 사전 만들기가 자꾸만 미뤄지는 것을 보며 무언가를 해야겠다고 결심했다.

장지영은 신명균, 권덕규 등에게 모임을 청했다. 그러고는 먼저 말을 꺼냈다.

"스승님이 돌아가신 지도 벌써 7년이 지났습니다. 이렇게 시간만 흘러가고 있으니 걱정입니다. 우리가 무언가를 해야 하지 않겠습니까? 사전을 만들려면 한글을 체계 있게 연구할 필요가 있습니다."

다들 장지영의 말에 동의했다.

"맞습니다. 아직 우리 깜냥으로 한글 사전을 만드는 것은 어렵습니다."

그들에게 사전을 만드는 일은 중요했지만, 체계적인 한글 연구가 부족해서 힘에 부쳤다. 장지영은 조직을 만들자고 제안했다.

"조직을 만들면 다들 좀 더 힘을 모아 체계적으로 작업을 할 수 있지 않겠습니까?"

"그래요. 한글 공부라도 우리끼리 제대로 해 봅시다."

"좋소. 꼭 시간을 내어서 해 봅시다."

1921년 12월, 장지영은 임경재, 권덕규, 이승규, 신명균 등과 함께 조선어 연구회를 조직했다. 1929년 조선어 학회로 새롭게 이름을 바꾸고, 한글 사전 편찬 작업에 박차를 가했다.

"기자가 되어야겠어요. 신문사 기자가 되어 한글을 더 빨리 보급하겠어요."

1926년 장지영은 일제의 탄압으로 한글을 마음껏 가르칠 수 없는 교직을 박차고 나와서 《조선일보》의 기자 생활을 시작했다.

한글 보급 운동을 전국적으로 확산시키기 위해서였다. 그때 신문은 조선인에게 깜깜한 현실을 밝히는 유일한 등불이었다. 그는 《조선일보》 교정부 기자로 일하기 시작했고, 2년 뒤 편집인으로 취임했다. 1930년에는 신문에 '한글 철자법 강좌'를 55회에 걸쳐서 장기 연재했다. 당시 일제는 기사 한 줄에도 죄를 물며 신문사를 탄압했기에 신문사와 신문 기자들의 고충이 심했다. 하지만 장지영은 감옥을 드나들면서도 한글 보급 운동을 포기하지 않았다.

1928년 3월 《동아일보》에서는 농촌 계몽 운동인 '글장님 없애기' 운동 계획을 선포하고, 대대적인 운동을 준비하고 있었다. 《동아일보》는 신문에 이 운동을 대대적으로 광고했다. 전국 300여 개의 지국, 분국을 총동원해 지원하고, 각 지국에 최현배, 권덕규, 방정환, 조병옥 등 강사들을 초빙해 전국적인 강연회를 열기로 계획했다. 하지만 일제는 갖은 꼬투리를 잡으며 방해하다가 이 운동을 금지했다. 결국 4월 1일로 예정된 《동아일보》의 '글장님 없애기' 운동은 무산되었다.

"《동아일보》의 계몽 운동도 금지되었으니 우리가 무엇이든 해야 하지 않겠나?"

장지영은 동료들과 한글 보급 운동을 전국적으로 확신시킬 방법을 궁리했다.

"하지만 방도가 없지 않습니까? 일제가 가만두지 않을 것입니다."

다들 좋은 생각이 떠오르지 않았다.

"유명 인사의 강연은 필히 핑계를 대고 못 하게 할 것이 분명해. 더 좋은 방법이 없을까?"

"'조선농민사'에서는 여름 방학에 귀향한 학생들이 한글을 가르치도록 하는 운동을 할 모양입니다."

"그거, 참 좋은 방법이네. 꿩 먹고 알 먹기 아닌가. 가르칠 사람이 부족한데 학생들 도움을 받을 수 있고 한글 보급도 하고 말일세."

동료 말에 장지영은 무릎을 치며 좋아했다. 그는 동료들과 함께 구체적인 계획을 세웠다.

"학생 가운데서 자원봉사자를 모집하세. 그들이 조선어 학회의 한글 맞춤법에 따라 한글을 가르치게 하면 된다네. 우리는 그들이 쓸 교재를 준비하고."

"잘 가르친 학생에게는 장학금을 주면 어떨까요?"

"간단한 산수도 가르치면 좋겠습니다."

"그래. 다들 좋은 방법이네."

장지영은 '아는 것이 힘, 배워야 산다'는 표어 아래 문자 보급 운동을 계획하고, 1929년부터 3년간 총책임을 맡았다. 1931년에는 문자 보급반 운동을 주도하기 위해 신설된 문화부 부장이 되었다.

"현지에 나가 농민들을 가르치는 학생들을 보면 가슴이 뭉클하고, 가슴에서 뜨거운 눈물이 치솟는다. 다들 나에게 큰일을 했다고 손뼉을 치지만, 나는 고작 저 학생들을 동원해서 파견하는 일을 맡았을 뿐이다. 저들이 독립투사이고, 저들이 하는 봉사 활동이 독립 투쟁이다. 난 오직 그들이 한글을 잘 지도할 수 있게, 그들의 열정이 떨어지지 않도록 살피고, 도울 뿐이다."

장지영은 전국 각지를 돌며, 학생들이 한글을 바르게 가르칠 수 있도록 살피고, 응원했다. 그는 조선어 학회의 한글 맞춤법에 따라 문자 보급 교재를 직접 펴내기도 했다. 1930년에 나온《한글원본》은 16쪽짜리 문자 보급 교재로 모음과 자음을 나열하고 읽는 법을 달았다. '가갸거겨'부터 277자의 음을 달고, 이들 글자가 들어가는 문장과 받침으로 사용하는 사례를 실어 이해하기 쉽게 했다.《흥부전》의 일부도 실어서 글을 익히는 이들이 쉽고 재미나게 배울 수 있도록 했다. 당시 그는 조선어 학회 '한글 맞춤법 통일안' 제정위원이기도 했는데, 문자 보급반 운동을 통해 조선어 학회 한글 맞춤법 통일안이 널리 퍼지게 되었다.

"우리 모두 노래《아리랑》을 알고 있으니 이를 써먹어야겠어."

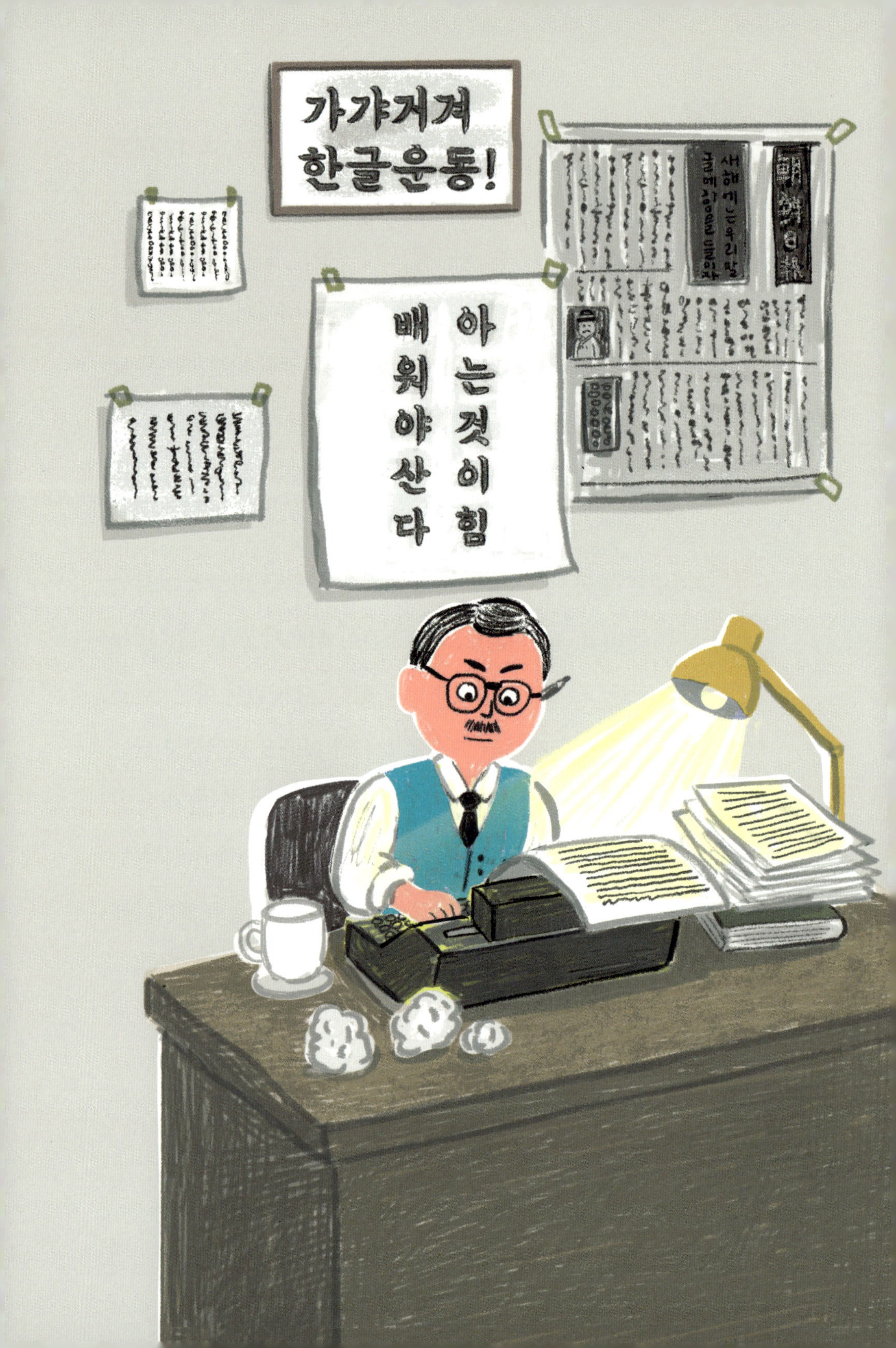
가갸거겨
한글운동!
아는 것이 힘
배워야 산다

그는 19031년에는 《한글 원본》을 수정 제작할 때, 《아리랑》을 넣었다. 조선인이라면 한글은 몰라도 《아리랑》을 모르는 이가 없으니 《아리랑》을 이용해서 운동을 더 넓게 펼치고자 했다. 《한글 원본》 교재는 한글 맞춤법 통일안에서 수정되는 내용을 반영했다.

장지영은 1931년 돌연 퇴직했다. 그해부터 10년 넘게 양정중학교 교사로 일했다. 그는 교사로 일하면서 조선어 학회 '조선어 표준어 사정 위원회' 위원으로 활동했다. 조선어 학회 사건으로 홍원과 함흥에서 모진 고문과 심문을 받기도 했다. 그러다 1944년 10월에 병이 깊어져, 보석으로 풀려났다.

"선생은 집으로 갈 수 없습니다. 이곳에 있어야 합니다."

보석으로 풀려났지만 장지영은 감시 대상자여서 거주 지역을 제한받았다. 결국 3년 만에 집으로 돌아갈 수 있었다. 하지만 곧 경성헌병대에 또 잡혀서 얼마 동안 갇혀 있다가 풀려나왔다.

광복 이후 장지영은 최현배와 함께 '우리말 도로 살리기' 운동을 주도했다. 그들은 수도의 이름을 경성에서 서울로 바꾸고, 창씨 개명으로 잃었던 고유의 이름도 찾게 한다. 또한, 한자 대신 한글을 쓰자는 한글 전용 운동도 펼쳤다.

최
용
신

신여성 혼불로 살아가다

최용신(1909~1935년)은 일제 강점기의 독립운동가이며, 농촌 계몽 운동가였다. 경기도 수원군 반월면 사리(현재 경기도 안산시 본오동)에서 신학문과 신문화를 교육했다. 소설가 심훈의 대표작인 《상록수》의 등장인물이기도 하다.

일제 강점기에는 여자 스물 중에 겨우 한 사람 정도만 글을 알았다. 당시 여성이 글을 읽는 것도 교육을 받기도 쉽지 않았다. 최용신은 1909년 함경남도 덕원에서 태어났다. 덕원에는 기독교가 전해져 교회와 근대식 학교가 설립되어 있었다. 최용신의 아버지는 교육자로, 여자인 최용신에게도 일찍부터 교육을 받게 했다. 아버지의 영향으로 고향 마을의 사립 학교에 다니던 최용신은 1918년 미국남감리회 여선교사들이 운영하는 원산의 루씨 여자고등보통학교로 전학해서 신교육을 받았다. 1928년 협성여자신학교에 입학한 최용신은 인생에서 큰 전환점을 맞는다. 그곳에서 독립운동가인 황애덕 선생님을 만난 것이다. 최용신은 선생님을 통해 한국 농촌 현실에 관심을 가지게 되었고, 여름 방학이면 동무들과 함께 짝을 지어 농촌에 실습을 다니기도 했다.

"용신아, 졸업 후 진로는 어찌할 생각이냐?"

졸업을 앞두고 선생님이 물었다.

"선생님, 저는 농촌에 들어가 농촌 계몽 운동을 하려고 해요."

"농촌으로 들어가겠다고?"

선생님은 최용신의 말에 다소 놀란 표정을 지었다. 유복한 환경에서 자란 최용신이 농촌으로 들어가 살아갈 일이 쉬워 보이지 않았다. 더군다나 최용신은 이미 신교육을 완벽하게 받은 신여성이었다.

"네, 선생님. 이렇게 공부를 많이 한 제가 화려한 도시 생활만 동경하고, 안일한 생활만 꿈꾸는 것은 옳지 않을 것 같아요."

"그렇긴 하지만, 농촌 계몽 운동이 쉬운 일이 아니지 않느냐?"

최용신은 선생님 말뜻이 무엇인지 잘 알고 있었다. 하지만 그녀의 결심은 확고했다. 누구도 말릴 수 없었다.

"네. 어려운 일이니 더욱 해야겠지요."

최용신은 처음 농촌 활동을 갔던 때를 떠올렸다. 마을 사람들은 자신을 여자라고 무시하고, 그녀에게서는 아무것도 배울 수 없다고 차갑게 굴었다. 하지만 최용신의 마음은 흔들리지 않았다.

'아이들이 이 나라의 보배고, 큰 일꾼이다. 아이들을 교육하는 것이 나라의 힘을 키우는 일이고, 독립이다.'

최용신은 시골에서 태어나서, 가난 속에서 아무것도 교육받지 못하는 아이들, 여자이기 때문에 아무것도 배울 수 없는 아이들에게 한글을 알려 주고, 꿈을 갖게 하는 것이 독립운동이고, 하나님께서 주신 사명이라 생각했다. 그리고 자신에게 적대적인 사람들 역시 차차 마음이 바뀔 거라고 믿었다.

1931년 최용신은 YWCA(Young Women's Christian Association. 기독교여자청년회) 농촌 지도원 자격으로 샘골마을에 파견되었다. 최용신은 동네 어귀에 들어서며 넓게 펼쳐진 논밭의 풍경을 보고 잠시 걸음을 멈췄다. 가을 논에 벼가 노랗게 익어 있었다. 그녀는 두 손을 감싸 쥐고는 눈을 감았다.

"주님, 나의 몸과 마음을 이곳에서 남김없이 태울 수 있도록 도와주소서. 이 마을을 밝힐 수 있도록 해 주소서."

최용신은 천곡교회 부속 야학인 강습소에서 아이들을 모아 가르칠 계획이었다. 최용신은 집마다 돌면서 아이들을 강습소에 보내 달라고 청했다. 하지만 마을 사람들은 강습소가 무얼 하는 곳인지 이해하지 못했고, 돈도 받지 않고 교육을 해 주겠다는 그녀를 의심스러운 눈으로 바라보았다.

"이상한 거 가르치면 아이를 망친다니까."

"계집애한테 뭐 하러 글과 산수를 가르쳐. 일이나 시키면 되지."

"먹을 것을 준다고 해도 못 보내요."

최용신은 가는 곳마다 거절당하기가 일쑤였다. 농촌에 가면

바로 아이들을 교육할 수 있으리라 믿었던 그녀는 크게 낙담하지 않을 수 없었다. 여러 고민을 하던 최용신은 우선 마을 어른들과 친해지기 위해 마을 일을 돕기 시작했다. 드넓은 들판에서 모를 심고, 어린 아기를 봐주기도 했다. 그렇게 마음을 다해서 일을 돕자 마을 사람들도 마음의 문을 열기 시작했다.

강습소 학생 수가 점점 늘어나더니 어느새 교실이 꽉 차게 되었다.

"아무래도 오전반, 오후반으로 나눠서 가르쳐야겠어요."

"선생님 혼자 너무 힘들지 않겠어요? 더군다나 책상과 의자도 너무 낡고."

"아니에요. 아이들이 많아지는 게 얼마나 감사한데요."

최용신은 좁고 낡은 교실이 문제가 되지 않았다. 그녀는 아

이들뿐만 아니라 부녀자들에게도 한글을 깨치도록 교육했다. 저녁이 되면 여성들에게 한글과 일상생활에 필요한 산수, 재봉, 수예 등 다양한 기술들을 가르쳤다. 아이들뿐만 아니라 어른들 모두 그녀의 열성에 전적으로 믿고 따랐다.

"선생님, 다 모였어요!"

한 아이가 엄지를 내보이며 눈짓했다. 천곡교회 마당에 아이들 부모와 마을 사람들이 모두 모였다. 최용신이 손짓을 하자 옹기종기 모여 있던 아이들이 순식간에 입을 다물고 쳐다보았다.

"애들아, 준비됐지? 잘할 수 있어. 모두 즐겁게 해 보자."

아이들은 고개를 끄덕였다. 드디어 최용신과 아이들이 마당 안으로 들어갔다. 그들은 한 달 전부터 노래와 무용, 연극을 부모님들 모르게 연습하고 있었다. 아이들이 마당에 들어서자 음식을 먹던 마을 사람들이 쳐다보았다.

최용신의 손짓에 맞춰 《아리랑》을 부르는 아이들의 고운 목소리가 마당에 울려 퍼졌다. 곧이어 흥겨운 노랫소리와 함께 아이들이 발을 구르고 손을 움직였다. 마을 사람들은 덩실덩실, 어깨춤이 절로 났다.

"아이고, 우리 손자 녀석 좀 봐. 저렇게 춤을 잘 추네."

"우리 딸내미는 노래도 잘하지."

"언제 다들 연습한 거야?"

어른들은 아이들이 춤을 추자 기뻐서 함께 덩실덩실 어깨춤을 추기도 했다. 몇몇은 부쩍 크게 자란 아이들을 보며 눈물을 훔쳤다. 즐거운 공연이 끝나 갈 무렵, 최용신이 앞으로 나왔다.

"어르신들 다들 잘 보셨나요? 아이들이 열심히 글을 배우고, 노래, 춤, 기술 여러 가지를 배우게 되었습니다. 모두 이곳에 보내 주신 어르신들 덕분입니다. 감사합니다. 그런데 오전반, 오후반으로 반을 나눴는데도, 아이들 수가 계속 늘어서 걱정입니다."

모두 고개를 끄덕였다. 아이들, 부녀자들까지 모여서 이미 교회 교실은 무너질 듯 비좁고 낡았다.

"그럼, 교실을 새로 지으면 되지요."

"그럼 되겠네요."

"그럽시다."

마을 사람들은 하나같이 입을 모았다. 아이들이 저렇게 똑똑해지고, 잘 자라는데 그깟 교실 짓는 게 문제냐고 소리쳤다.

"제가 땅을 내놓겠습니다. 그곳에다가 교실을 만드세요."

마을의 한 유지 말에 모두 박수 치며 좋아했다. 그 자리에서 바로 땅이 생기고, '천곡학원 건축발기회'가 만들어졌다. 그날 밤

꿈같은 일은 하룻밤 신기루로 끝나지 않았다. 닷새 뒤 공사가 시작되었다. 공사가 시작되면서 샘골마을은 더욱 활기차졌다. 부녀회와 청년회가 만들어지면서 다양한 기술을 익히고 배워 나가는 사람이 늘었다. 최용신은 샘골마을의 변화를 보며 다시 깊은 생각에 빠졌다. 이미 자리를 잡은 이곳이 아닌 도움이 더 절실히 필요한 다른 곳에서 자신이 해야 할 일을 또 찾고자 기도했다.

"주님, 이곳을 농촌 운동의 도화선이 되게 해 주소서. 다른 마을 곳곳이 샘골마을이 되게 해 주소서. 저에게 힘을 주소서."

최용신은 샘골마을의 변화를 보고, 다른 많은 곳도 변화할 수 있으리라 확신했다. 그러나 먼저 자신의 부족함을 채울 수 있는 지식을 배우기로 했다.

1934년 최용신은 일본 고베여자신학교 사회사업과에 입학했다. 최용신은 부모님의 뜻에 따라 열 여섯 살에 김학준과 약혼했지만, 약혼한 지 10년이 지나도록 농촌 운동을 하느라 결혼을 미뤘다.

"이제 공부를 마치고 함께 민족을 위해 일합시다. 아이들에게 한글을 가르치고, 독립의 힘을 키우게 합시다."

학업을 끝내고 농촌 운동에 매진하고자 했던 최용신은 갑자기 각기병에 걸려 유학 생활을 중단하게 되었다. 최용신은 고향에서 요양할 생각이었으나, 샘골마을 사람들이 최용신을 돌보겠다고 청했다.

"누워 있어도 좋으니 제발 우리 곁에 있어 주세요."

마을 사람들이 간청하자 최용신은 샘골마을에 머물면서 사람들의 극진한 관심과 간호를 받았다. 몸이 다소 좋아지자 최용신은 다시 사업을 시작했다. 하지만 여러 어려움 속에서 병이 도로 심해졌고, 1935년 샘물마을 사람들과 아이들의 눈물 속에서 두 눈을 감았다. 당시 스물여섯 살이었다. 조선의 독립을 꿈꾸며, 농민들과 아이들을 가르치기 위해 자신의 청춘과 생명을 아낌없이 바쳤던 최용신은 심훈의 소설 《상록수》로 다시 태어났다. 최용신은 《상록수》에 등장하는 채영신의 실제 인물이다.

한글 운동과
계몽 운동

문맹 퇴치를 위한 한글 보급 운동

일제 강점 시대 한글 연구 활동은 일제의 핍박으로 중단되었다. 하지만 3·1 운동 이후 일본은 우리 민족을 무력과 억압만으로는 지배하기 어렵다는 것을 깨닫게 되었다. 일제는 조선인의 반발을 일시적으로 없애기 위해 한민족의 문화와 관습을 존중하는 문화 통치를 내세웠다. 무장한 헌병 경찰을 보통 경찰로 바꾸고, 교육의 기회 확대와 민족 신문의 간행을 허가했다. 한글학자들은 이 시기에 조선어 연구회(1921년)를 만들고 기관지 월간 《한글》(1927)을 발행했다. 또한 1926년에는 훈민정음 반포 8회갑(480주년)을 맞는 기념식을 준비해 한글의 가치와 의미를 새롭게 인식하는 운동을 전개했다. 1930년에는 조선어 연구회에서 '한글 맞춤법 통일안'을 제정하기로 했고, 1933년 10월 19일 드디어 '한글 맞춤법 통일안'이 확정되었다. 이러한 조선어 연구회의 움직임으로, 사회적으로 한글을 민중에게 보급해야겠다는 필요성이 커졌고, 조선어 학회(조선어 연구회)는 문화 운동을 통해 민족독립운동을 이루고자 했다. 당시 주요 신문이었던 《동아일보》와 《조선일보》는 이러한 사회적 움직임에 따라 한글 보급 운동에 앞장섰다.

일제는 겉으로는 문화 통치를 한다고 내세웠지만, 실제로는 한민족을 이간질하고 분열시키려는 교활한 정책을 폈다. 이 기간에 일본 경찰의 수는 더욱 늘어났으며, 일본의 식민 통치에 비판적 내용을 실은 기사 검열과 신문 폐간 등이 이뤄졌다.

상록수 운동이라 불리는 계몽 운동

계몽 운동은 1920년대 초부터 서울의 학생과 지식 청년, 문화 단체 그리고 동경 유학생들에 의해서 실시되었다. 당시 학생들은 방학 때면 시골로 내려가 농사를 돕고, 아이들을 가르치는 일을 하는 것을 당연시했다. 독립운동을 하던 천도교에서도 1926년 학생들이 나서서 귀농 운동을 펼쳤다.

1926년 수원고등농림학교 한국인 학생들은 '건아단'을 조직하고, 그해부터 농민을 계몽하는 야학 운동을 전개하다가 1928년 9월 경찰에 발각되어 중단되었다. 그러나 1930년에 다시 수원 주변에 야학을 개설해 민족의식을 깨우치며 문맹 퇴치 운동을 시작했고, 다양한 계몽활동을 펼쳤다.

조선어 학회에서도 후원을 통해 한글 교재를 만들고 보급했으며, 전국 주요 도시에서 조선어 강습회를 열었다. 제1회 때 37개 지역, 제2회 때 46개 지역, 제3회 때는 40개 지역에서 개최되었다. 제3회 때는 더 많은 지역에서 개최할 예정이었지만 총독부의 금지 조처로 원래 계획했던 대부분의 지역을 포기해야만 했다. 매회 강습회는 규모가 대단히 컸고, 만주의 간도 지방에서까지 열리기도 했다.

아는 것이 힘이다, 《조선일보》의 문자 보급 운동

《조선일보》의 문자 보급 운동은 장지영의 주도로 1929년부터 시작되었다. 장지영은 주시경의 제자로 조선어 학회를 창립한 일원이며, 《조선일보》에서 일하던 언론인이었다.

당시 조선에서는 2,000만 인구 가운데 1,700만 명이 글을 모르는 문맹이었다. 문자 보급 운동은 일제 강점기 최대 민중 계몽 운동이었다. 방학을 맞아 고향으로 돌아가는 남녀 학생들은 농촌에서 글을 모르는 문맹자에게 한글을 가르쳤다. 당시 《조선일보》에서 준비한 문자 보급 교재도 100만 부에 이르렀다. 문자 보급 운동 첫해인 1929년에는 409명의 학생이 참여해서 2,849명이 한글을 깨쳤다. 1934년에 이르러서는 10배가 넘는 5,000여 명의 학생이 참여했다. 3년간 전국에서 글을 깨쳐 신문을 읽을 수 있게 된 이들은 30만 명에 다다랐다고 한다. 이 운동은 겉으로는 문자 보급 운동이었지만, 일제의 민족 말살 정책에 맞선 최대의 항일 계몽 운동이었다.

《동아일보》의 브나로드 운동

《동아일보》는 1928년 8월 창간 8주년 기념행사로 문맹 퇴치 운동을 전개하려 했으나 조선 총독부에 의해 좌절되었다. 이후 《동아일보》는 1931년부터 1934년까지 4회에 걸쳐 브나로드 운동인 문맹 퇴치 운동을 전개했다. 조선의 독립을 위해서는 민중을 깨우쳐야 한다는 취지로 운동을 계획했고 구호는 러시아말인 '브나로드'로 '민중 속으로 가자'는 뜻이다.

《동아일보》는 각 학교 학생회를 통해 계몽 운동에 참여할 학생들을 모집했다. 학생회는 학교 게시판을 통해서 희망 학생들을 모집하고, 희망자의 이름과 희망 업무, 지역을 분류해서 《동아일보》로 보냈다. 《동아일보》는 운동에 참여하는 학생들을 모아 업무별로 강습을 실시해 농촌으로 보냈다. 그리고 계몽 운동에 필요한 한글과 산수 교재를 비롯한 각종 물품을 학생들에게 지원했으며, 교재 《한글공부》(3주간용)를 출판하기도 했다.

《동아일보》의 브나로드 운동은 한글을 가르치는 일에만 한정하지 않았다. 미신을 없애고, 생활을 개선하기 위해서 위생, 음악, 연극도 지도하면서 계몽 운동과 문화 운동을 함께했다. 제3회까지 이 운동을 '브나로드 운동'으로 부르다가 민중들이 부르기 어려워하자 제4회부터 '계몽 운동'으로 바꾸었다.

《조선일보》의 문자 보급 운동과 《동아일보》의 브나로드 운동이 선풍적인 열기를 띠자, 소설에 이 운동이 등장했다. 대표적인 작품이 이광수의 《흙》과 심훈의 《상록수》다. 계몽 운동은 일제 강점기에 매해 300만 명에 가까운 학생들이 참여했다고 전해진다. 계몽 운동 참여자들이 증가하자 1935년에는 조선 총독부가 야학을 전면 금지했다.

언론사의 계몽 운동은 '한글 맞춤법 통일안'을 전파하는 데 큰 역할을 했다. 이에 조선어 학회에서 만든 철자법은 널리 퍼져 나갔고, 표음주의 철자법을 고집하던 조선어학연구회의 반대를 물리칠 수 있었다.

3장

《큰사전》이 만들어지기까지

권
덕
규

한글로 역사서를 쓰다

권덕규(1890~1950년)는 서울 휘문의숙을 졸업하고 모교와 중앙학교, 중동학교에서 우리글과 우리 역사를 가르쳤다. 조선어 연구회 창립 회원으로, 조선어 ≪큰사전≫ 편찬에 참여했다. '한글 맞춤법 통일안'의 원안 작성에도 참여했으며, 수많은 신문, 잡지에 논문과 논술을 발표했고, 한글 순회 강습에 온 힘을 기울였다.

권덕규는 주시경의 제자로 김두봉, 장지영과 함께 《말모이》 편찬 작업에 함께했다. 주시경이 세상을 떠난 뒤, 그는 중앙학교에서 교편을 잡았고, 여러 학교와 기관에서 한글과 역사 교육에 앞장섰다.

"세계 글 가운데 우리 한글이 가장 아름답다. 한글이 얼마나 우수한 언어인가 하면……."

권덕규는 아이들에게 한글이 세계에서 가장 우수한 글이라고 강조했다.

"우리는 조선인이다. 조선인은 조선의 말과 글을 익히고 써야 한다. 언어를 빼앗기면 민족은 사라진다. 얼이 없는 민족이란 있을 수 없는 일이다."

권덕규는 주시경에게 '한글'이라는 말을 처음 들었을 때를 떠올렸다.

"이제 조선어, 언문, 정음이 아니라 한글로 불러야 한다. 우리 민족을 한민족이라고 부르지 않느냐. '한'이란 말에는 '크다', '으뜸', '바르다'라는 뜻이 담겨 있다. 그러니 한민족의 글, 한글이 어떠하냐? 한글, 이름처럼 우리글은 세계 으뜸이다."

수업이 끝난 후 권덕규는 의자에 털썩 주저앉았다. 요즘 일이 손에 잡히지 않았다. 수업 시간이 끝나면 자꾸만 헛생각이 들었다. 주시경 선생이 그렇게 덧없이 가시지 않았으면 얼마나 좋았을까 하는 생각에 마음속으로 눈물을 흘렸다.

"이제 실낱같은 희망이 모두 사라졌구나."

주시경이 떠나고, 1919년 동료 김두봉도 상해로 망명하고, 그 이듬해에는 가까운 벗인 이규영마저 세상을 등졌으니 이제 더는《말모이》를 진척할 힘도 꿈도 없어졌다.

권덕규는 평소 검소한 삶을 살고, 성품이 고상하고 순결했지만 기괴한 행동을 많이 하기로 유명했다.

친구들이 권덕규가 집을 팔았다는 소식을 듣고 걱정이 되어 달려왔다. 그런데 권덕규는 술에 잔뜩 취해 있었다.

"자네 술을 얼마나 마셨나?"

"많이 마셨지."

"돈은 어디서 났는가? 집을 팔았다는데 그 돈은 어디 있는가?"

권덕규는 웃어 젖혔다. 그러고는 자기 배를 두드렸다.

"흐흐흐, 집을 판 돈으로 술을 마셨으니, 집이 내 배 속에 들어갔네. 크하하하."

친구들은 기겁하며 권덕규의 팔을 잡았다.

"아니 어쩌려고, 집을 판 돈을 모두 술값으로 날리나. 이를 어쩌나."

권덕규는 팔을 뿌리치며 자기 배를 보며 소리쳤다.

"이놈 집아, 그동안 내가 네 안에서 잘 살았지만, 어디 이제 네가 내 안에서 살아 보거라. 하하하."

"왜 그리 술을 마시는가?"

한 친구가 걱정스러운 얼굴로 물었다.

"왜놈들, 가짜 왜놈들까지 설치니 내가 어찌 술 취하지 않은 맑은 눈으로 세상을 볼 수가 있겠는가!"

권덕규는 눈을 부릅떴다. 암울한 조국과 조선인의 모습을 맨 정신으로는 보기가 어려웠다.

1920년 5월 《동아일보》 1면에 실린 내용으로 조선 사회가 떠들썩했다. '가명인 두상에 일봉'이라는 기사 때문이었다. 가명인은 명나라 사람 행세를 하는 유림을 뜻한다. 즉, 유학을 우러러보는 유학자들의 머리에 몽둥이 한 대를 때리겠다는 말이다.

"오늘날 조선 기성세대들은 썩어 빠진 과거 숭배 사상과
천한 허영심으로, 후배를 기르고 이끄는 데는
아주 짜고 선배를 떠받드는 데는 매우 넉넉할 뿐이다…….

조선의 부모들이 옛 사상에 갇혀, 자녀들에게도 절대복종을 강요한다. 한시라도 현대 지식과 진보 사상을 익혀, 자녀들을 가르쳐야 할 부모 세대가 이러니 피가 끓고 열이 뻗친다."

기성세대를 신랄하게 비판한 이 글은 큰 파문을 가져왔다. 유학자들의 항의와 비판이 들끓었다.

"유림들이 권 선생 글을 보고 아주 크게 성화를 부린다고 합니다."

"세상이 이렇게 변하고 있는데, 아직도 그들은 중국을 숭배해야 한다니 참으로 어리석은 일입니다."

"그래도 공자를 비판하는 이야기는 좋지 않습니다."

이 글을 쓴 이가 바로 권덕규다. 그는 조선의 유학자들이 자주정신을 잃고 있음을 이 글을 통해 비판했다. 권덕규는 일본에 나라를 뺏기고도 여전히 중국의 옛 사상만을 고집하는 그들과 조선 사회가 참으로 안타깝고 답답했다.

1894년 중국 사신을 맞는 영은문을 헐고 그 자리에 독립문을 세웠지만 20년이 훨씬 지나도 달라진 게 없었다. 1931년 민족 변호사 이인 역시 공자를 비판하는 글을 발표하면서 기성세대의 변화와 조선 사회의 변화를 주장하는 데에 힘을 실었다.

권덕규는 오랫동안 교직 생활을 하면서 신문과 잡지에 사설을 많이 썼다. 1914년부터 1930년까지 신문과 잡지에 실린 그의 글은 약 100편에 다다랐다. 대다수 우리 민족의 역사, 문화, 국어 연구의 가치와 중요성 등을 다룬 글이다. 그는 조선인의 얼과 글을 살려야 독립할 수 있다는 것을 알고 이를 알리고자 노력했다. 권덕규는 조선말 《큰사전》 편찬자 중 옛말을 담당했다. 옛말의 수집과 풀이를 책임진 사람이었다.

"옛말이 지금 말과 사이가 뚝 떨어져 상관이 없고 쓸데없는 것이 아니다. 옛말은 말을 바로잡고 말법을 정하는 데 큰 도움이 된다."

그는 옛말의 중요성을 강조하며, 말의 뿌리를 아는 것이 말법, 즉 문법을 정하는 길이라고 보았다.

"한글을 바르게 쓰는 일이 중요한 것 같습니다."

"사전 편찬과 함께 한글 바르게 쓰기 운동을 펼쳐 보면 어떨까요?"

권덕규를 포함한 조선어 연구회 회원들은 다들 고개를 끄덕였다. 그들은 1927년 동인지 《한글》을 창간하고 한글 바르게 쓰기 운동을 펼쳤다. 권덕규의 강연 활동은 문맹 퇴치의 차원에서 실천적인 한글 연구 및 한글 바로 쓰기 강습으로 이어졌다. 한글의 연혁, 한글의 문법 등을 주제로 자모음 사용법, 습관음 바로잡기 등이 강연의 주된 내용이었다. 그가 우리말을 얼마나 사랑했는지 짐작할 수 있다. 그 시절 권덕규는 책 작업도 열심히 하고 있었다.

"이번에는 무슨 책을 쓰시고 계십니까?"

"조선 역사서입니다. 제목을 '조선유기'라 할 생각입니다."

"역사서라 쉽지 않을 텐데요."

권덕규가 역사서를 쓴다고 말하면 모두 고개를 내저었다. 을사늑약 이후 대한 제국의 교육은 일본의 손에 놓여 있었다. 한글 수업뿐만 아니라 역사 수업 시간도 일제히 줄었고, 남아 있는 시간마저도 배우는 내용을 일일이 규제했다.

"내용은 어떠합니까?"

권덕규는 신이 나서 자신이 쓰고 있는 역사서에 대해 늘어놓았다.

"저는 우리가 조선의 역사부터 제대로 인식해야 한다고 생각합니다. 우리 민족의 시작은 단군부터입니다. 그러니 영토 역시 한반도뿐만 아니라 만주와 중국 내륙, 일본까지라고 봐야겠지요. 말갈, 여진 등도 모두 단군의 후손이고, 우리 민족이라 볼 수 있다고 썼습니다."

"그렇게 쓰면 일본 놈들이 가만히 두겠습니까? 안 그래도 우리 민족을 낮추려고 혈안이 되었는데 말입니다."

"그러니 더 제대로 된 역사서가 필요한 것입니다. 조선인들에게 대한 제국의 역사를 먼저 알게 하는 일이 더 시급하지 않겠습니까?"

권덕규는 다른 이들의 걱정에도 아랑곳하지 않고, 민족과 영역의 범위를 넓혀서 식민 지배를 받고 있던 조선 민족에게 자주성과 민족의식을 고취하려고 했다. 그는 조선인은 위대한 민족의 후예이고, 하루빨리 빼앗긴 주권을 찾기를 바라고 있었다. 권덕규의 《조선유기》는 다른 교과서와 비교했을 때 고전 부분과 그림이 풍부해서, 당시 많은 인기를 끌었으며, 학생들의 역사의식에 상당한 영향을 미쳤다.

권덕규는 광복 직후《조선유기》상권과 하권을 한 권으로 묶어서 수정, 보완해《조선사》라는 역사서를 냈다. 당시 사회에서는 한국사의 배움에 대한 갈망이 높았으나, 제대로 된 역사 교과서가 없었다. 대다수 일제하에 나왔던 책들을 다시 발행해 사용했다. 권덕규의 ≪조선사≫는 최현배의 ≪우리말본≫과 더불어 큰 인기를 얻었다.

권덕규는 '한글 맞춤법 통일안' 제정위원, 조선어철자위원회 위원, 조선어 학회의 표준어 사정 위원, 조선어 사전 편찬위원 등을 지냈다. 유학자들에게 지탄받고, 조선어 학회 사건으로 일제에 의해 투옥되어 모진 고문을 당하고, 행방불명으로 처리되어 죽음조차 분명치 않다. 그러나 그의 역사서 ≪조선사≫와 우리글에 대한 사랑은 그가 얼마나 우리 민족과 역사를 사랑했는지 알게 해 준다.

이
극
로

한글 사전에 열정을 바치다

이극로(1893~1978년)는 독립운동가이자, 한글학자다.
독일 유학 당시 조선어 사전 편찬에 큰 뜻을 품고, 조선어 학회 회원으로 활동하며, 한글 운동 전개에 큰 업적을 남겼다.
광복 이후 북의 정치인으로 활동했으며 1966년 이후 북한의 언어규범화 운동인 '문화어 운동 사업'을 주관했고, <조선어조 연구>를 비롯해 여러 논문을 남겼다.

"저분이 바로 이극로 선생이십니다."

"아, 저분이시군요. 유럽 대학에서 박사 학위를 받았다지요?"

"독일에서 철학을 전공했다고 합니다."

"철학을 하신 분이 어떻게 조선어 연구회 회원이 되었을까요?"

큰 키에 떡 벌어진 어깨, 부리부리한 눈빛을 가진 이극로는 유학을 마치고 돌아오자마자 단번에 유명 인사가 되었다. 그는 유럽에서 박사 학위를 받은 최초의 조선인이자 신지식인이었다.

이극로가 조선어 학회에 관심을 갖게 된 것은 중국 상하이 유학 시절에 만났던 김두봉 때문이다. 당시 이극로는 김두봉이 만드는 한글 서적 인쇄에 도움을 주었고, 그 계기로 주시경의 사상과 학설을 받아들였다.

이극로는 독일 유학 시절 대학에 조선어과를 설치해 유럽인들에게 조선어를 가르치기도 했는데, 이 일을 하면서 더욱 조선어 사전 편찬을 간절히 바라게 되었다.

"조선에 사전이 없다는 게 사실입니까?"

"조선어 철자법이 왜 이렇게 중구난방입니까?"

유럽 학생들의 질문에 이극로는 할 말을 잃었다. 통일된 철자법이 없을 뿐만 아니라 방언이 많아서 조선인끼리도 말이 통하지 않는다는 것을 그도 이미 경험했다.

'조선에 가서는 모국어를 지키는 일에 평생을 바치겠어. 조선어 사전을 편찬하는 것이 내가 할 일이야.'

독일 유학을 마친 이극로는 1929년 조선어 연구회에 가입해, 활발한 활동을 했다. 그는 한글 사전을 편찬하기 위해서는 무엇보다 자금이 필요하다는 것을 깨닫게 되었다.

"나는 가진 것 하나 없습니다. 그러니 돈을 생각하고 일을 시작할 수는 없습니다. 늘 먼저 뜻을 세울 뿐입니다."

이극로는 의령의 한 가난한 농가에서 태어났고, 고향 선배 이우식의 도움으로 학업을 마칠 수 있었다. 그런 그는 일을 하면서 돈을 먼저 생각하지 않았다. 어떤 일이든 뜻을 먼저 세우면 방도가 생길 것이라고 여겼다. 이극로는 뚝심과 의지로 한글 사전 편찬 일을 계획하고, 밀고 나갔다. 사전 편찬에 필요한 기금을 위해 이우식에게 도움을 요청했고, 이우식은 주변 유지들을 사전 편찬 후원회로 가입시켜서 지원을 아끼지 않았다.

이극로는 1929년 10월 31일 제4회 한글날 기념식에서 108명의 발기인을 모아 조선어 사전 편찬회를 조직했다. 그는 한글 맞춤법 제정위원, 조선어 표준어 사정위원, 조선어 사전 편찬 전

임위원 및 조선어 학회 간사장을 지내며, 오랜 시간 조선어 학회를 이끌었다.

이극로와 조선어 학회 회원들은 오직 한글 사전 편찬 사업에만 몰두했다. 그런 그들의 노력으로 한글 사전 편찬이 마무리되어 인쇄를 시작하려던 1942년, 조선어 학회 사건이 일어나면서 모든 일이 물거품이 되었다. 이극로는 조선어 학회 사건으로 회원 중 가장 높은 형인 6년을 받게 되지만, 광복이 되어 풀려났다.

광복 후 조선어 학회를 재건한 이극로와 회원들은 수감되기 전 작업했던 《큰사전》 원고를 찾아 헤맸다. 1945년 10월 2일, 조선어 학회에서 그토록 찾아다니던 《큰사전》 원고가 서울역에서 발견되었다. 《큰사전》 원고는 조선어 학회 사건의 제1호 증거물이었다. 회원들이 체포될 당시, 함께 기차에 실려 함흥으로 옮겨졌다. 함흥과 경성으로 몇 차례 오가면서 서울역 조선운송주식회사 창고에 방치되었다.

이극로와 학회 회원들은 밤낮을 가리지 않고 사전 편찬에만 열을 올렸다. 이제 일본의 눈치를 보지 않아도 되었고, 마음껏 사전을 만들 수 있게 되었다는 기쁨으로 그들은 피곤한 줄도 몰랐다.

일본이 물러가자, 조선 팔도는 해방을 누리게 되었다. 거리에는 사람 목숨을 파리 목숨보다 쉽게 생각하는 무서운 순사도 없었고, 한글을 써도 눈치 보지 않아도 되었다. 사람들은 거리에 나가 '대한 독립 만세'를 쉼 없이 불렀다.

"이제 한글을 배워야지요."

"일본 놈들 눈치 안 보고 한글을 배워서 제대로 써 볼랍니다."

한글을 쓰지 못해 억눌렸던 지난날들을 보상받으려는 듯 사람들 사이에서 한글 교육 열풍이 시작되었다. 너도나도 한글과 신지식을 교육받고자 했다. 조선 팔도 곳곳에서 한글 강습회가 열리기 시작했다. 학교는 물론이고, 관청, 은행, 사회단체에서 한글 강습회 요청이 밀려들자, 조선어 학회는 눈코 뜰 새 없이 바빠졌다.

1947년 드디어 《큰사전》이 완성되었다. 조선어 학회 회원들은 사전 출간만을 고대하고 있었다.

"어떻게 되셨습니까?"

이극로가 안으로 들어오자 회원들이 눈치를 보았다. 이극로는 출판사인 을유문화사에 다녀오는 길이었다. 사전이 완성되었지만 조선어 학회 재정이 어려웠기에 조선어 학회에서 직접 출간할 수 없었다. 그래서 이극로는 김병제와 함께 원고 보따리를 들고 을유문화사의 도움을 받으려고 찾아갔다. 출판사를 찾은 게 이번이 벌써 세 번째였다. 이극로가 아무 말도 없자 회원들은 한숨을 내쉬었다.

"이젠 일본 놈들 눈치 안 보고 《큰사전》을 완성했는데, 출간이 안 된다니 참 기가 막힌 일이네요."

을유문화사에서 도움을 받아서 출간하기로 계획했는데, 출판사 사정이 어려워져 출간 비용을 댈 수 없다고 했다.

"다들 사정이 어려워서 그렇지요."

저마다 푸념을 늘어놓았다. 그때 이극로가 말했다.

"하기로 했다네. 《큰사전》 출간이 결정되었다네."

"네에?"

이극로가 웃으며 을유문화사 사장의 말을 전했다.

"박사님 정성에 제가 항복합니다. 저희도 사정이 좋지 않으니 우선 한 권만이라도 시작해 보지요."

회원들은 벌떡 자리에서 일어나 소리를 지르며 환호했다. 오랜 시간 계속된 그들의 노력이 결실을 맺었다. 주시경과 그의 제자들이 시작한 《말모이》에서 《큰사전》이 되기까지 47년(1911년~1957년)이라는 긴 시간이 흘렀다. 그 누구도 이렇게 오랜 시간

에 걸쳐 한글 사전이 편찬될 것이라고 생각지 못했다. 《큰사전》 편찬에는 조선인의 아픈 세월과 역사가 함께 담겨 있었다. 1947년 10월 9일 《큰사전》 제1권이 편찬되었고, 1949년 5월 5일에는 록펠러재단의 기금을 받아 《큰사전》 제2권이 편찬되었다.

이극로는 광복 후 한글 강습회 열풍이 일자, 한글을 제대로 가르칠 교사 양성이 필요하다고 느꼈다. 그는 조선어 학회에서 한글을 가르칠 교사를 키울 수 있는 사범 학교를 설립하고자 했다. 이런 이극로의 열망이 반영되어 조선어 학회는 '세종중등국

어교사양성소'를 설립해, 교사들을 키워 냈다.

해방 후 한반도는 공산주의와 민주주의 이념으로 갈라섰다. 해방 후 즉시 독립이 될 거라 여겼지만, 남쪽에는 미국이, 북쪽에는 소련이 들어와서 영향력을 키웠고, 끝내 남과 북의 이념이 갈리게 되고, 1948년 5월 10일 선거를 통해서 남에서는 대한민국 정부 수립의 기초를 만들었다. 그 뒤 북에서도 조선인민공화국이 수립되었다.

1948년 4월 이극로는 평양에서 열린 남북연석회의와 회담에 참석했고 평양에서 김두봉을 만났다.

"스승님."

이극로는 김두봉을 스승처럼 여기고 있었다. 상하이에서 활동하던 김두봉은 광복과 함께 북으로 귀국했다.

"나라가 둘로 나뉘어도 말이 나뉘어서는 안 된다네. 남에는 국어학자들이 많이 있으니, 자네는 북으로 와 주게나."

당시 김두봉은 북에서 국어학자이자, 정치인으로 여러 일을 펼치고 있었는데, 이극로 같은 인재가 필요했다.

"하지만 조선어 학회 일은 어쩌고요?"

"남에는 최현배 선생이나, 이희승 선생처럼 훌륭한 분들이 계시지 않은가? 남쪽은 그분들께 맡기고, 이곳에서 조선어 연구를 해 주게. 그래야 통일이 되면 하나 된 조선어가 만들어지지 않겠는가?"

김두봉은 이극로에게 북으로 와서 조선어 연구를 해 달라고 청했다. 이극로는 김두봉의 말을 듣고 중대한 결정을 내렸다.

'그래. 남에는 많은 이들이 있어. 내가 없어도 그들이 충분히 학회를 잘 이끌어 갈 것이야. 내가 여기서 북의 말과 글을 정리하는 동안에 통일이 될 테고.'

이극로는 얼마 안 가 통일이 되리라 여겼다. 통일을 위해 자신이 북에 남아서 한글 연구를 하는 일이 더 가치 있다고 생각되었다. 결국 그는 귀국을 포기하고, 평양에 그대로 남기로 했다.

1948년 7월 12일, 이극로는 평양에서 조선어 학회를 그만두겠다고 알렸다. 오랜 기간 조선어 학회를 이끌었던 이극로의 사임에 학회는 정신적 충격으로 한바탕 술렁였다. 이극로의 월북은 회원들뿐만 아니라 일반인들에게도 큰 충격이었다. 조선어 학회 회원이었던 김병제, 유열, 정열모 등도 이극로를 따라 월북했다. 이극로와 여러 회원들이 북에서 활동하자 조선어 학회를 바라보는 시선이 곱지 않았다. 1949년 조선어 학회는 한글 학회로 이름을 바꾸고 《큰사전》 편찬을 계속 이어 갔다.

이극로는 북의 조선어문연구회에서 국어 정책을 수립하고 연구 활동을 하는 등 국어 연구에 매진했고, 정치인으로 활동했다.

이
우
식

조선어 학회
재정 이사로 일하다

이우식(1891~1966년)은 항일 애국지사로, 대한민국 임시 정부에도 독립 자금을 헌납했으며, 조선말 《큰사전》 편찬 사업에도 거금을 내놓았다. 영우회(嶺友會)를 조직해 향토 문화 발전에 노력했고, 뒤에 서울대학교 교수로 재직하면서 국문학 연구에도 큰 업적을 남겼다.

사전 《말모이》부터 조선어 학회 사건, 그리고 해방 후 조선어 《큰사전》이 나오기까지 수많은 국어학자들의 희생과 열정이 있었다. 그리고 그들을 정신적으로 지지한 독립운동가와 금전을 지원한 조선의 실업가들 역시 큰 역할을 했다.

조선어 학회 재정 이사였던 이우식은 사전이 나오기까지 아낌없이 재정 지원을 했을 뿐만 아니라 조선어 학회 사건으로 옥살이를 하기도 한 인물이다. 이우식은 1891년 의령에서 태어났다. 부유하게 자란 그는 어린 시절 일본으로 건너가 대학까지 졸업했다. 그는 평소 민족의식이 강해서 3·1 운동이 일어나자, 동지들과 3월 14일 의령읍 장날에 만세 시위를 계획하고, 의령 만세 시위를 주도했다.

1920년 이우식은 가까운 지인이었던 안희제로부터 제안을 받았다.

"회사를 만들어 돈을 법시다. 나라를 구하기 위해서는 경제 문제가 먼저 해결되어야 합니다. 함께 무역 회사를 설립해 봅시다."

이우식은 흔쾌히 함께하겠다고 했다.

"좋습니다. 돈을 벌어 임시 정부의 자금을 지원합시다."

이우식의 집안은 만석꾼으로, 의령, 함양, 진양, 합천군 등에

백산상회

드넓은 토지를 소유하고 있었다. 하지만 그는 집안의 재산을 지키거나 늘리는 데 힘쓰지 않고, 소작농들에게 소작료를 낮춰서 땅을 빌려주었다.

이우식은 부산에서 안희제와 다른 동료들과 함께 백산무역 주식회사를 설립해서 많은 돈을 벌었다. 그리고 비밀리에 대한민국 임시 정부의 자금을 지원했다.

"자네, 극로가 아닌가?"

"우식이 형님. 이게 얼마 만인가요."

우연히 이우식은 만주에서 돌아온 고향 후배인 이극로를 만났다.

"요즘 어떻게 지내는가?"

둘은 안부를 물으며 이야기를 나누었다. 이극로는 당시 중국으로 건너가 상하이의 대학에 입학할 예정이었다.

"학비가 없어 공부를 그만두어야 할지 고민입니다."

"공부를 그만둔다는 게 무슨 소리인가. 자네 같은 인재가 공부해서 조선 독립에 이바지해야 하지 않겠나. 돈 걱정은 하지 말고, 무조건 가서 공부하게. 학비는 내가 지원하겠네."

이우식은 이극로의 투철한 민족정신과 영특함을 일찍부터

알고 있어서 그를 지원하는 일이 조선 독립 자금을 대는 것과 같은 일이라 여겼다. 그는 이극로의 중국 유학뿐만 아니라 독일 베를린대학 철학부를 졸업할 때까지 학비와 생활비, 활동비 전액을 지원했다. 이우식은 이극로뿐만 아니라 고향 인재를 키우는 데 앞장섰다.

1926년 이우식은 서울에 서대일보사, 1927년 중외일보사를 설립해 민족의식을 높이는 데 노력했다.

"제가 공부를 잘 끝낼 수 있었던 건 모두 선배님 덕분입니다."

이극로는 독일에서 박사 학위를 받고 조선으로 돌아왔다.

"무슨 그런 말을 하는가. 이제 무슨 일을 할 셈인가?"

"조선어 사전 편찬 사업에 참여할 생각입니다. 조선의 얼과 글, 말을 살려야 하지 않겠습니까?"

이극로는 오래전 기차에서 보았던 일을 꺼냈다.

"식당에서 밥을 먹는데 일행 중 한 명이 고추장을 달라고 했습니다. 그런데 주인이 고추장을 못 알아들었습니다."

"주인이 조선인이 아니었나?"

"그게 아닙니다. 그 지방에서는 고추장을 '댕가지장'이라고 불러서 그렇답니다. 방언 때문에 조선인끼리 고추장도 못 알아들으니 이게 보통 답답한 일이 아닙니까? 그래서 결심한 바가 있습니다. 다른 무엇보다 시급한 게 조선어 사전 편찬인 것 같습니다. 선배님도 여력이 되시면 좀 도와주실 수 있습니까?"

이우식은 고개를 끄덕였다.

"그런 일이라면 당연히 내가 도와야지. 나도 우리말과 글이 소중하다는 것을 새삼 느끼네. 나라도 빼앗기고 우리말과 글도 빼앗기면 정말 큰일이지 않은가. 내가 도울 수 있는 일이라면 뭐든 돕겠네. 걱정 말게."

이우식은 이극로 말에 크게 기뻐하며 조선어 사전 편찬회의 최대 후원자가 되었다. 그는 평소 알고 지내는 지방 유지들을 이극로에게 소개해 주고 그들이 조선어 사전 편찬회의 후원자가 되도록 했다.

"선배님이 맡아 주십시오."

"아니, 내가 무슨 회장을 맡는단 말인가."

이우식은 자신에게 조선어 사전 편찬회 회장직을 맡으라는 이극로의 말에 고개를 저었다. 하지만 이극로는 이우식이야말로 전임자라고 여겼다. 이극로는 거절하는 이우식을 간신히 설득시켰다.

"사전이 완성되려면 몇 년이 걸리겠는가?"

"아마도 3, 4년은 족히 넘게 걸리지 않겠습니까?"

"3년 안에 완성시켜 줄 수 있겠나?"

"그렇게 해 보겠습니다. 아니, 반드시 그렇게 해야지요."

이우식과 이극로는 3년 안에 조선어 사전을 편찬할 계획을 세웠고, 1931년 이우식은 조선어 사전 편찬회 회장으로 취임했다. 취임 시 그는 1만 원을 기부했으며, 사전 편찬에 꼭 필요한 자금을 확보하기 위해 온 힘을 다했다. 조선어 사전 편찬 후원회는 1936년부터 1939년까지 매년 1만 원의 후원금을 기부했다. 당시 보통 집 한 채 가격이 천 원도 되지 않았다. 1만 원은 집 열 채 값이 넘는 엄청나게 큰돈이었다. 이우식과 조선어 사전 편찬 후원회가 이렇게 큰돈을 기부할 수 있었던 것은 당시 일제 시대에서 조선어 사전 편찬이 조선의 독립과 같은 의미였기 때문이다.

"또다시 전쟁을 일으키다니. 일본의 침략은 끝이 어디인가 말인가……."

1937년 일본은 중국과 전쟁을 일으켰다. 전쟁을 벌인 일본은 조선인 청년들을 모조리 징집해 전쟁에 내보냈을 뿐만 아니라 전쟁 물자로 쓰기 위해 조선인 집안 세간살이까지 모조리 털어

갔다. 그러자 조선인 집에 쇠숟가락 하나 남지 않게 되었고, 조선인들의 곡간이 텅텅 비어 갔다.

"수양동우회 사람들이 모두 잡혀갔다고 합니다."

"이를 어쩌지요?"

"우리도 잘못되는 게 아닌가요?

수양동우회는 변호사, 의사, 교육자, 목사와 같은 지식인들이 모여서 계몽 운동을 실천하는 모임이었다. 1937년 6월 일제는 수양동우회에 관련된 지식인들을 모두 잡아들였다. 한 달 뒤, 일제는 사회 운동 단체인 흥업구락부 사건을 일으켜서 민족주의자들을 검거하기 시작했다. 이러한 분위기에 조선어 사전 편찬 후원회의 상황도 극도로 나빠지기 시작했다.

"아무리 힘들어도 사전 편찬 작업을 멈추지 말게나."

이우식은 매달 250원을 사전 편찬회 회원들이 쓸 수 있도록 내놓았다. 당시 사전 편찬원 정태진의 월급이 50원이었다. 250원은 조선어 학회 직원 5명의 월급인 셈이었다.

"내 반드시 사전에 필요한 20만 원을 지원할 수 있도록 노력할 테니 돈 걱정은 하지 말고, 자네들은 사전 편찬에만 힘을 쓰게나."

이우식은 말은 그렇게 했으나 걱정이 컸다.

‘저렇게 많은 학자들이 사전을 만들려고 노력하는데, 돈이 없어서 사전을 만들 수 없는 현실이 참 안타깝구나. 어찌 그 큰돈을 마련할 수 있을까…….’

이우식은 사전 편찬을 위한 기금 모금을 위해 노력했고, 후원 회원 김양수, 장현식, 김도연, 이인, 안재홍 등도 함께 도왔다.

1942년 10월 조선어 학회 사건으로 이우식도 체포되었다. 그는 조선어 학회를 후원하고 독립운동 자금을 지원했다는 이유로 징역 2년, 집행 유예 3년을 선고받았다.

해방 후 조선어 학회의 재정 이사로 선임된 그는 조선말《큰사전》전권이 출간될 수 있도록 재정적 지원을 했다. 조선말《큰사전》출간 이후, 그 일에 힘쓴 이우식을 높이 사서, 정치, 경제 곳곳에서 그를 찾는 이가 많았다. 다들 그에게 역할을 맡아 일을 해 달라고 청했다.

“선생님이야말로 의원이 될 자격이 있는 분입니다. 나랏일을 하셔야지요?”

“아닐세. 나는 분단된 조국에서는 정계에 나갈 생각이 없다네.”

“그래도 선생님만 한 분이 없답니다.”

이우식는 고개를 저으며 나서지 않았다.

“내 호를 아는가?”

“남저 아닙니까?”

“그게 무슨 뜻인지 아는가? 남녘 남, 낮을 저라네. 남녘의 쓸모없는 사람이라는 뜻일세.”

“선생님, 왜 이리 겸손하십니까?”

이우식은 자신의 호를 ‘남저(南低)’로 지을 만큼 겸손했다. 항상 근검절약하며, 평생 자신의 이름을 내놓지 않았다. 그가 죽은 후, 그의 은혜를 기리기 위해 가난한 소작농과 민초들이 자발적으로 모금해 비를 세웠다. 이것만 보아도 그의 인품이 얼마나 높았는지 짐작할 수 있다.

조선어 학회 사건

조선어 학회 사건은 1942년 10월부터 일제가 조선어 학회 회원 및 관련 인물을 모두 검거해 재판한 일이다.

조선어 학회(한글 학회)

조선어 학회는 1908년 8월 31일 주시경과 김정진 등 당대의 지식인들이 우리 민족의 문맹을 깨치고 나라의 주권을 지키고자 세운 민족 학회이자 우리나라 최초의 학술 단체다. 1908년 '국어 연구 학회'에서 1921년 국어 연구 및 국어 운동 단체인 '조선어 연구회'로 이름을 바꿨다가 1931년 이름을 '조선어 학회'로 다시 바꾸게 된다. 광복 뒤 1949년 다시 '한글 학회'로 이름을 바꾸어 오늘에 이르고 있다. 이 모임은 주시경과 그의 제자들이 중심을 이루며, 조선어를 연구하고, 사전 편찬회를 조직해, 우리말, 우리글의 연구 및 정리, 보급 등의 일을 했으며, 말과 글을 통해서 민족정신을 지키고 불어넣는 일을 실천했다.

시대적 배경

당시 일제는 중국 침략을 앞두고 있어서, 조선 민족에 대한 압박을 높이고 있었다. 그들은 조선의 얼과 글, 말을 없애기 위해서 조선어 교육을 단계적으로 폐지했다. 하지만 1929년 《조선일보》에서 조선어 문자 보급반 운동과 1931년에는 문맹 퇴치 운동인 《동아일보》의 브나로드 운동이 시작되면서 조선어 교육이 더욱 힘을 얻었다.

1936년 일제는 '조선사상범보호관찰령'을 공포했다. 이 법은 사상범을 지속해서 감시할 수 있는 법으로 사상범은 형기를 마치고 출소해도 사는 곳과 일하는 곳을 감시받게 되고, 여행의 자유가 제한되었다. 또한, 다른 사람과 접촉하거나 편지를 주고받는 것도 제한받았다. 감시하는 역할을 맡은 보호사 제도가 도입되면서 대도시 지역에 사상범보호관찰소를 세우고 보호사를 위촉해 사상범들을 관리했다. 사상범보호관찰소는 감옥과 비슷한 기능을 했으며, 보호사는 주로 일본인이 맡았으나 조선인 가운데서도 일부가 보호사로 임명되기도 했다.

일제는 이 법을 만든 뒤 1937년에는 독립 계몽 운동 단체인 수양동우회 회원과 1938년에는 흥업구락부 회원을 검거했다. 그 뒤 조선어 학회 회원을 검거하려고 열을 올리고 있었다. 특정 죄목을 만들지 못했던 일제는 1941년에는 '조선사상범 예방구금령'을 만들었다. 독립운동을 사전에 차단하기 위해서 실제로 행위가 없더라도 범죄를 일으킬 우려가 있다면 언제든지 체포해 구금할 수 있게 했다. 이로써 일제는 독립운동가를 언제든지 체포해 감옥에 가둘 수 있는 길을 터놓았다.

조선어 학회 사건의 시작

1942년 함흥영생고등여학교 한 학생이 기차 안에서 친구들과 한국말로 대화하는 것을 조선인 경찰관이 듣게 되었다. 조선인 경찰은 학생들을 잡아가서 그들에게 민족주의 영향을 받게 한 이를 취조했다. 그 결과 민족주의 감화를 준 옛 선생이 서울에서 한글 사전 편찬을 하는 정태진임을 알게 되었다. 일제는 9월 5일, 정태진을 잡아들여 취조했고, 조선어 학회가 민족주의 단체로서 독립운동을 목적으로 하고 있다는 자백을 받아 냈다.

그 뒤 10월 1일 첫 번째로 최현배, 장지영 등 11명을 서울에서 구속했고, 이튿날 함경남도 홍원경찰서로 압송했다. 이를 시작으로 잇달아 조선어 학회에 관련된 사람이 검거되어, 1943년 4월 1일까지 모두 33명이 검거되었다. 그리고 이때 증인으로 불려 나와 혹독한 취조를 받은 사람도 48명이나 되었다. 사건을 취조한 홍원경찰서에서는 사전 편찬에 직접 가담했거나 재정적 보조를 한 사람과 협력한 33명을 모두 '치안유지법'의 내란죄로 몰았다.

조선어 학회 사건 판결

1년 남짓 홍원경찰서 유치장에서 고문과 핍박을 받던 조선어 학회 회원들은 1943년 9월에 치안유지법 위반 혐의로 함흥지방법원에 넘겨졌다.

이극로, 이윤재, 최현배, 이희승, 정인승, 정태진, 김양수, 김도연, 이우식, 이중화, 김법린, 이인, 한징, 정열모, 장지영, 장현식 등 16명에게는 법원에 심판을 요구하는 일인 기소 처분을 내렸다.

이강래, 김윤경, 김선기, 정신섭, 이병기, 윤병호, 서승효, 이은상, 서민호, 이만규, 권승욱, 이석린 등 12명에게는 검사가 형사 사건에 대해 범죄의 혐의를 인정하나 범인의 성격, 연령, 환경, 정황 따위를 참작해 공소를 제기하지 않는 일인 기소 유예 처분을 내렸다. 기소 유예 처분을 받은 12명은 석방되었다. 기소된 사람은 함흥교도소에 수감되었다. 같은 해 12월 8일에 이윤재가, 1944년 2월 22일에는 한징이 옥중에서 사망하고, 장지영과 정열모 두 사람은 공소 소멸로 석방되어 공판에 넘어간 사람은 12명이었다.

"문자란 인류의 문화적 업적이므로 영원히 남길 가치가 있다"라는 이희승의 변론에도 일제는 "고유 언어는 민족의식을 양성하는 것이므로 조선어 학회의 사전 편찬은 조선민족정신을 유지하는 민족운동의 형태다"라는 함흥지방재판소의 예심 종결 결정문에 따라 '치안유지법'의 내란죄를 적용했다.

이극로 징역 6년, 최현배 징역 4년, 이희승 징역 2년 6개월, 정인승·정태진 징역 2년, 김법린·이중화·이우식·김양수·김도연·이인 징역 2년 집행 유예 3년, 장현식 무죄가 각각 언도되었다. 이에 집행 유예와 무죄 선고를 받은 사람은 석방되었다. 실형을 받은 사람 중 정태진은 복역을 마치는 것이 오히려 상고보다 빠르다고 해 복역을 마치고 1945년 7월 1일 출옥했다. 이극로, 최현배, 이희승, 정인승 4명은 판결에 불복, 바로 상고했으나 같은 해 8월 13일에 기각되었다. 그러나 이틀 뒤인 8월 15일 광복되자 8월 17일에 풀려나왔다.

4장

우리말의 다듬기와 변화

최
현
배

감옥에서 가로쓰기를 완성하다

최현배(1894~1970년)는 한글 문법의 초석을 세운 국어학자이자 독립운동가다. 우리말 교과서의 편찬과 보급, 그리고 한글 전용 운동, 국어 교사 양성에 힘썼다. 우리나라 최초로 표준어를 정해 한글 맞춤법에 따라 편찬한 사전인 ≪큰사전≫은 최현배의 문법 이론을 수용해 만들어졌다. ≪우리말 존중의 근본 뜻≫, ≪한글의 투쟁≫ 등 20권에 이르는 책과 100편에 달하는 논문을 펴냈다.

1933년 10월 29일 조선어 학회는 '한글 맞춤법 통일안'을 정했다. 통일안 관련 회의는 1930년 12월 13일에 처음 시작해, 1933년 10월 19일까지 모두 125차례 열렸다. 소요된 시간만 400시간이 넘었다. 권덕규, 김윤경, 이병기, 최현배, 장지영, 이극로, 이상춘, 정인섭, 이희승 등 18명이 제정위원으로 참여했다. 조선어철자 통일위원회에 대한 사회적 관심도 높아, 숙박비와 회의비 등을 개성의 한 유지가 기부하기도 했다. 이처럼 철자법의 통일은 학회만의 문제가 아닌 조선 민족이 한뜻으로 오랫동안 품었던 소원이기도 했다.

철자법 즉 표기법을 두고 소리가 같더라도 뜻의 차이에 따라 형태를 고정해 적어야 한다(표의주의)는 주시경 학파의 주장과 소리 나는 대로 적어야 한다(표음주의)는 박승빈 학파로 의견이 갈렸다.

"표기법은 역사입니다. 문자는 결코 소리만 적는 것이 아니지요. 말에는 사상이 들어가 있습니다. 그러기에 뜻의 차이에 따라 형태를 고정해 적어야 합니다."

최현배가 단호히 말했다. 오랜 회의 끝에 주시경 학파의 뜻에 따라 소리가 같더라도 뜻의 차이에 따라 형태를 고정해 적는 방식으로, 어법에 맞게 단어를 띄어 쓴다는 내용 등으로 정리되었다. 하지만 문제는 여기서 끝나지 않았다. 이번에는 지역마다 달리 쓰는 방언 중 표준어로 무엇으로 정할지에 대한 문제가 놓여 있었다.

1930년대에는 지역마다 방언이 심해서, 곤충 잠자리를 부르는 말이 무려 스물네 개가 넘었다. 그러니 어디서든 말로 오해와 싸움이 일곤 했다. 학회에서는 3차에 걸친 회의를 열어 이 문제를 해결하려고 했다. 표준어로 정하는 것이 중요한 일이었기에 낱말 하나도 허투루 다루지 않았다.

'강아지'와 '개새끼' 중 어느 것을 표준어로 삼을지는 하도 말이 많아서 신문에 보도될 정도였다.

"강아지가 맞소."

"아니, 개새끼라고 부르는 게 맞지요."

위원들과 각 지역 인사들, 교육계, 종교계, 언론계 인사들이 서로 자신들의 의견들을 내놓았다.

"허허, 이러다가 하루가 다 가겠소. 다들 어찌하면 좋겠습니까?"

"이 선생님은 강아지지요?"

"아니오. 저는 개새끼요."

이 선생의 대답에 회의장이 한바탕 웃음꽃을 피웠다. 이렇듯

많은 어휘들이 장시간 토론 후 표준어를 선택하는 표결을 통해 결정되었다.

최현배는 표준어 선택에 대해 이렇게 말했다.

"방언은 시골말이라고 할 수 있습니다. 방언을 흔히 그 나라의 서울말에 반하는 지방 말이라고 해석하는데 이것은 그른 일입니다. 한 나라의 서울말도 한 지방의 말입니다. 서울말 역시 방언이 되는 것입니다. 서울말이라고 해서 당연히 다른 시골말보다 낫다는 이치는 없습니다."

최현배는 표준어 선택에서 서울말이 다른 시골말보다 나은 것이 아니라고 강조했다. 서울말이 표준어가 된 것은 그 나라 안에서 문화와 교통이 중심이 되는 한 지방의 말이 공통어가 되는 자연스러운 이치라고 설명했다.

최현배는 고향인 경상남도 울산의 일신학교에서 신식 교육을 받은 후, 1910년에 상경해 관립한성고등학교에서 공부했다. 당시 주시경은 일요일마다 보성중학교 내 국어 강습원에서 강의를 맡고 있었는데, 최현배는 고향 선배를 따라 그곳에서 3년간 주시경의 수업을 들었다. 3년 동안 매주 한 번도 빠지지 않고 한글을 배우러 다녔다. 최현배는 국어가 민족정신의 근간이며, 사람들의 행동과 생각을 지배한다는 것을 깨닫게 되었다. 이 일을 계기로 최현배의 인생 방향이 결정되었다. 그는 평생 국어 연구와 국어 운동의 길을 걷겠노라 다짐했다. 그 뒤 최현배는 어떤 고난에도 우리말과 우리글 연구를 포기하지 않는 삶을 살았다.

1926년 최현배는 연세대학교의 전신인 연희전문학교 교수로 취임했고, 조선어 연구회 회원으로 활동했다. 1937년 ≪우리말본≫을 출판하기도 했다. 1938년 애국계몽운동단체인 '흥업구락부 사건'으로 구속되었고, 연희전문학교 교수직에서 강제로 퇴직당했다. 1942년에는 조선어 학회 사건으로 검거되어 해방이 될 때까지 함경남도 홍원경찰서에서 모진 고문과 악형을 받았다.

"몸은 괜찮으세요?"

"나는 괜찮다. 걱정 마라. 집안은 별일 없느냐?"

최현배는 아들을 보며 물었다. 그는 모진 고문에도 신음 한 마디 내지 않았다. 아들은 고개를 끄덕이며 눈물을 감추었다. 얼마나 모진 고문을 당하는지 최현배의 온몸에 멍이 안 든 곳이 없었다. 제대로 먹지도 못하는지 몸은 뼈만 앙상하게 남아 있었다.

"기운 내시라고 북어 가지고 왔어요. 사식으로 넣어 드릴 테니 좀 드세요."

"고맙다."

최현배는 이리저리 눈치를 보며 쪽지를 꺼내 재빨리 아들에게 넘겼다. 그러고는 나직이 속삭였다.

"내가 살아 나갈지, 죽어 나갈지 모르니 이 신문 조각을 집에 잘 보관해 두어라."

아들은 쪽지를 재빨리 숨기고는 고개를 끄덕였다. 그 쪽지는 바로 최현배가 감옥에서 완성한 가로쓰기 안이었다.

최현배는 아무것도 할 수 없는 감옥에서도 학문을 포기하지 않고, 오랜 숙제였던 가로쓰기 안 연구에 들어갔다. 쓸 곳이 마땅치 않으니, 손바닥, 다리, 이불, 천장에 쓰기를 반복했다. 밤낮으로 쓰기를 거듭한 끝에 드디어 가로쓰기 안을 완성한 것이다. 한글 가로쓰기는 일찍이 주시경과 그 제자들이 주장했으나, 일제의 억압 때문에 우리말과 우리글에 대한 적극적인 연구와 논의를 진행하기가 쉽지 않았다. 당시 대부분 출판물은 한자 표기의 비중이 컸고, 세로쓰기가 일반적이었기 때문에 가로쓰기에 대한 인식이 널리 퍼지지 못했다.

최현배는 아들에게 가로쓰기 안을 넘겼으나 또다시 걱정에 휩싸였다.

'만일 내가 감옥에서 죽거나 오랫동안 나가지 못한다면 누가 가로쓰기 안을 세상에 내놓을까? 가로쓰기 안을 사람들이 제대

로 이해할 수 있을까……?'

자신이 감옥에서 언제 나갈지 알 수 없으니 문제가 해결된 것이 아니었다. 마침 최현배의 감방에 젊은이 둘이 들어오게 되었다.

'하늘이 주신 기회야. 나는 여기서 죽어도 저들은 반드시 살아 나갈 거야.'

최현배는 그 기회를 놓치지 않고, 젊은이들에게 가로쓰기 안을 알려 주기 시작했다.

"우리가 일제에서 해방되면 한글은 다시 살아날 걸세. 그럼 이 가로쓰기 안이 새 나라를 건설하는 큰 힘이 될 것일세. 그러니 먼저 이것을 익히고, 감옥에서 나가게 되면 반드시 많은 이들에게 알려 주게나."

최현배는 간수의 눈을 피해 젊은이들에게 한글 자모를 풀어 쓰는 가로쓰기를 알려 주기 시작했다.

"너희들, 뭐 하는 거야?"

어느새 간수가 감방을 흘깃거리며 소리쳤다. 젊은이들은 놀라 꿀 먹은 벙어리가 되었다.

"하도 심심해서 영어를 알려 주고 있습니다."

최현배가 능청스럽게 말하자, 젊은이들도 영어를 배운다고 고개를 끄덕였다.

“수상한 행동 하지 말고 가만히 있어라.”

간수는 그들을 흘기더니 제자리로 돌아갔다.

‘나는 죽더라도 가로쓰기 안은 반드시 살아야 한다.’

최현배는 가슴을 쓸어내리며 생각했다.

1945년 8월 19일 함흥 감옥에서 풀려난 최현배, 이극로, 이희승, 정인승이 경성에 도착했다. 이튿날 그들은 바로 회의를 열어 조선어 학회를 다시 어떻게 시작할지 의견을 모았다. 가장 먼저 감옥에 가기 전 준비해 두었던 사전 원고를 찾아 수소문해 보았지만 원고는 찾을 수 없었다. 1929년부터 시작된 조선어 사전 편찬 사업의 결실인 원고가 사라진 것이다. 하지만 9월 8일 경성역(서울역) 창고에서 사전 원고가 발견되자 그들은 서둘러 사전 출판을 위한 작업을 시작했다.

일제 강점기 동안 우리말을 사용하지 못하고 일본어만 사용해야 했기 때문에 대부분의 학생들은 한글을 읽고 쓰지 못했다. 해방이 되어도 우리말로 된 교재가 없었기 때문에 학교에서 학생들을 가르치기가 어려웠다. 최현배는 국어 교과서 편찬위원회를 구성해 국어 교재 편찬에 착수했고 우리말로 학생들을 가르칠 교원을 양성하기 위해 교원 강습회를 열었다.

최현배는 해방 후 한 달 만에 미 군정청 편수국장에 취임해 조선교육심의회의 교과서편찬분과위원회 위원장을 맡았다. 그의 주도 아래에 결의된 교과서 편찬의 기본 방향은 '교과서는 모두 한글로 쓰게 한다'와 '가로쓰기를 한다'였다. 당시의 신문을 비롯한 모든 출판물은 한글보다는 한자를 더 많이 쓰고, 모두 세로쓰기를 하고 있었다. 교과서에서 한글 전용과 가로쓰기를 채택한 것은 매우 선구적인 일이었다. 교과서에서 시작된 한글로만 쓰기와 가로쓰기는 몇십 년의 세월을 거쳐 다른 출판물까지에 적용되었다.

또한 최현배는 한글로 된 우리나라 최초의 헌법 제정을 건의해, 한글이 지속하도록 노력했다. 마침내 1948년 10월 9일 한글날, "대한민국의 공문서는 한글로 쓴다. 얼마 동안 필요할 때에는 한자를 병용할 수 있다"라는 내용의 '한글전용법(법률 제6호)'이 공포되었다.

이
인

조선어 학회를 도운 조선인 변호사

이인(1896~1979년)은 한국의 법률가이며, 독립운동가, 정치인이다. 일제 강점기 당시 김병로, 허헌과 함께 독립운동가 및 애국자, 사회 저명 인사들의 무료 변호를 해 3대 민족 인권 변호사로서 명성을 날렸다. 일제 강점기 말기에는 창씨개명을 거부했고, 해방 후 우익 정치인으로 활동하다가 이승만의 단독 정부 수립론에 가담했다. 1948년 5월 제헌국회의원 선거에 출마해 당선되었고, 정부 수립 이후 국회의원과 법무부 장관을 역임했다.

"나는 어린 마음에도 일본이 미웠다. 집안을 뒤져 부친과 숙부를 잡아가는 것이 일본인이요, 집안 살림마저 빼앗아 가는 것이 일본이라 생각하니 그 분함을 참을 길 없었고, 작은 힘이나마 민족 운동에 바치리란 생각이 이때부터 싹텄던 것이다."

_《한국일보》, 1973년 2월 20일 자, 이인, <나의 이력서> 중에서

이인은 1896년 대구에서 태어났다. 할아버지 이관준은 영남의 명망가이자 성리학자였고, 아버지 이종영은 대한 제국 당시 애국계몽운동단체인 자강회와 대한협회의 회원으로 활동하던 계몽 운동가였으며, 삼촌 이시영은 독립운동가였다. 그의 부친 이종영은 독립운동 단체인 자강회 회원으로 활약하면서 매번 감옥에 갇히곤 했다. 이인은 어린 시절부터 부친과 삼촌의 활동을 보면서 자연스럽게 민족 운동가를 꿈꾸었다. 어린 나이에 한문을 배웠고, 여덟 살에는 소학교에 입학했다.

"뒷머리를 자르는 것이 훨씬 시원해 보여. 편해 보이고."

"뭐라고? 뒷머리를 자르겠다고?"

이인이 한 혼잣말을 듣고 동무가 기겁하며 말렸다. 하지만 이인은 가위로 뒷머리를 싹둑 잘라 버렸다.

"이놈, 무슨 생각으로 뒷머리를 잘랐느냐!"

아버지 이종영이 놀라 소리쳤다. 어린 이인은 외가로 달려갔다. 아버지와 할아버지의 화가 좀처럼 가라앉지 않아서 이인은 사흘 동안 외가에 숨어 지냈다. 성리학자였던 할아버지 이관준의 분노는 말할 수도 없었다. 하지만 어릴 때부터 이인은 주관이 확실했다.

소학교를 다닌 지 얼마 안 되어 공립 학교로 바뀌자 이인은 소학교를 나와, 의병대 출신의 독립투사 김수농이 만든 달동의숙에 입학했다. 이 학교는 전체 학생이 대여섯 명으로, 소수 정예로 수학과 한문을 가르쳤다. 이 시기에 이인은 강한 민족의식을 지니게 되었다.

"조선의 모든 권리를 다 일본이 가져갔어. 이제 일본인들이 조선인들의 재산을 모두 빼앗아 가고, 자기들 마음대로 사람들을 잡아가는 세상이 되었어. 대체 어떻게 하면 조선 주권을 되찾을 수 있을까……?"

이인은 일제에 핍박받는 사람들을 보면서 안타까웠다.

"일본에 가서 학문을 배워야겠어. 넓은 세계를 배워야 조선의 힘을 키울 수 있어."

이인은 궁리 끝에 일본에 가서 유학하기로 결정했다. 하지만 문제는 어려운 가정 형편에 학비 마련도 어려웠고, 아버지와 숙부 모두 집을 비워서 어머니 혼자서 집을 돌보고 있었다. 당시에는 시골에서 경성(서울)만 간다고 해도 그 집에서 울음소리가 났고, 일본을 간다고 하면 아주 못 보는 줄 여겼다. 이인은 어머니에게 말하면 분명 가지 못하게 할 것이 뻔해서, 가출을 결심했다. 열일곱 살이었던 그는 저금통을 깨서 45원을 손에 쥐고는 일본으로 향했다.

일본에 건너가서 1914년 세이소쿠 중학교를 졸업했다. 이후 메이지대학 법학부와 대학원 과정인 일본대학 고등전공과에서 공부했다.

1922년 이인은 스물여섯 살에 일본 변호사 시험에 합격했다. 일본 전역에서 4,000여 명이 응시했으나 합격자는 70명, 조선인은 이인 혼자뿐이었다. 1924년 5월 경성에서 변호사 사무실을 차린 그는 7월 첫 변론으로 무장 독립 운동 단체인 의열단 사건 피고인들의 변호를 맡아 민족 변호사로 일하기 시작했다.

"내가 법률을 공부하기로 마음먹기는 한마디로 억울한 국민을 구해 보자는 의분이 뭉쳐서였다. 그때만 해도 일부 식자층을 제외하고는 모두 몽매하여 일본 이사청에 망국의 한을 풀어 달라고 탄원서를 넣을 정도였다. 이사청이란 것은 일본 거류민의

권익을 옹호하기 위해 서울, 부산 등 큰 도시에 설치한 일본 기관인데, 우리나라를 먹어 치우겠다는 기관에 그런 탄원서를 내었으니 우리 국민들이 비분강개하고 나라 잃은 설움을 안타까워할 줄만 알았지 반항 절차를 전혀 몰랐던 것이다.

나는 어려서부터 어떻게 하면 일제의 압박을 벗어 볼까, 불의 부정을 타파할까 생각하는 가운데 법률을 공부함이 그 한 가지 길이라 생각했다."

_《한국일보》, 1973년 2월 20일 자, 이인, <나의 이력서> 중에서

1926년 6월 10일 순종 인산날(임금의 장례식 날)이었다. 그날 창덕궁 앞은 시민과 학생들로 가득했다. 인산 행렬이 가까이 오자 시민과 학생들이 독립 만세를 부르짖었다. 이인의 변호사 사무실까지 그 소리가 들려왔다. 경찰과 헌병들이 이리저리 뛰면서 만세를 부르는 학생들과 시민들을 짓밟고 잡아갔다.

마당으로 누군가 달려 들어오는 소리가 들렸다. 이인은 직감적으로 만세를 부르다 쫓겨 온 학생들임을 알아챘다. 그는 숨을 헐떡이는 그들을 위장시켜 일본 경찰의 눈을 피하게 도왔다.

"주권을 잃은 백성은 옛 주인마저 잃었다. 어찌 한 방울 눈물이 없겠는가. 일본은 이 애통한 눈물마저 벌할 작정인가."

이인은 6·10 만세 사건을 맡아 이렇게 변론했다. 이후 계속 민족 운동 사건 변론이나 친일파나 일본 관리 암살 사건 등의 변론을 맡았고, 스스로 안창호의 변호를 맡기도 했다. 독립운동가 변호에서 그는 국선 변호인이 아님에도 변호 비용을 받지 않아 독립지사와 민중들이 감격했다. 그가 맡은 변호 사건만도 약 1,500여 건에 달한다.

이인은 1930년 '조선물산장려회' 회장직을 맡기도 한다. 물산 장려 운동은 '조선 사람 조선으로'라는 구호에 맞게 조선인은 조선의 것으로 살아가자는 국산품 애용과 조선의 경제 자립 운동이었다. 일본 기업들이 경제력을 옭아매는 것에 당하지 말고, 조선인이 만든 제품을 사용해 산업을 일으켜 일본을 이기자는 운동이었다. 그는 교육에도 관심이 많았다. 새로운 조선 사람을 만들어야 한다는 생각이 간절했기 때문이다. 그래서 일이 바쁜 가운데서도 김용관, 박길룡 등과 조선인 발명가들을 보호 육성하기 위해 과학 잡지인 《과학조선》를 창간해 부지런히 보급 활동을 폈다. 측우기, 거북선, 금속활자, 비차 등을 소개하며 한민족의 우수성을 알리고, 긍지를 일깨웠다. 또한 경성실천 여학교를 설립하기도 했으며, 김천고등보통학교 창립 인가를 위해 일하기도 했다.

"저 역시 우리말과 우리글을 반드시 지켜야 한다고 생각합니다. 제가 도울 수 있는 일은 무조건 돕겠습니다."

이인은 젊어서부터 한글에 관심을 기울이고 있었기에 조선어 연구회가 조직된다는 소식에 기뻐했다. 조선어 연구회는 단순히 한글을 연구하는 학술 단체가 아니었다. 개화사상을 올바르게 받아들이기 위한 계몽 운동 단체였다. 온 국민이 새로운 지식과 기술을 배워 함께 나누고, 배우기 쉽고 쓰기 쉬운 우리글을 보급하고자 했다. 조선어 연구회는 조선어 학회로 이름이 바뀌었다. 이인은 조선어 학회 요청으로 조선어 사전 편찬회 발기위원이 되어서 크고 작은 일을 돕다가, 부모님의 환갑잔치 비용까지 줄여서 학회의 도서 출판에 쓰도록 했다.

일제는 민족 변호사로 활동하는 이인이 안 그래도 눈엣가시였는데, 조선어 학회 사전 편찬 사업까지 돕는다는 말에 그를 더욱 눈여겨보았다. 감시와 미행을 일삼았으며, 수시로 꼬투리를 잡아 유치장에 가두곤 했다. 변호사 면허를 여러 차례 취소시키려는 음모를 꾸몄으나 흠을 잡을 수 없어 번번이 기회를 놓쳤다.

1942년 일본은 조선어 사전을 만드는 것이 불법 조선 독립운동이라며 말도 안 되는 죄목을 붙여 조선어 학회 사건을 일으켰고, 당시 회원들을 모두 잡아들였다. 일본 형사가 이인에게 덮어씌운 죄목은 크게 일곱 가지였다. 첫째는 조선어 학회 관계 일이요, 둘째는 조선 기념 도서 출판, 과학 보급회, 물산 장려 운동 등등이었다. 형사들은 골칫거리였던 이인에게 잔인한 고문을 했다. 밤 11시만 되면 그를 불러 심문하면서 이인이 활동한 조선어 연구회와 조선물산장려회, 발명 학회 등이 모두 조선 독립을 위한 것이라는 자백을 받아 내려고 쉴 새 없이 폭력을 휘둘렀다. 아무 죄도 없는 이인을 유치장과 감방에 2년 이상 가두어 놓고 온갖 고문을 다했던 것이다. 조선어 학회 공판은 1944년 12월에야 열렸고, 선고 역시 1945년 1월에서야 이뤄졌다.

"당신에게 이 정도 판결은 약과다. 그동안 법정을 다니며 얼마나 우리를 귀찮게 굴었느냐."

공판에서 재판장은 이인을 향해 비난하며, 징역 2년에 집행유예 4년을 선고했다.

"이 돈을 회관 건립에 쓰십시오."

"아니, 이렇게 큰돈을 어찌 내놓으십니까?"

이인은 1976년 오랜 세월 항일 투쟁을 함께해 온 한글 학회에 3,000만 원을 기증했다. 광복 후 조선어 학회는 한글 학회로

이인
한글사랑, 한글교육의 중요성
한글학회 3,000만원 기부

이름을 바꾸었다. 아직 한글 학회가 변변찮은 회관 건물조차 없는 것이 안타까웠기 때문이다. 그 돈은 그의 유일한 재산인 집을 판 금액의 절반이었다.

“나이가 80이 넘으면 집이 클 필요가 없네. 내 평생 가장 보람 있는 일이 우리의 말과 글, 얼이 보급되는 것이네.”

이인은 한글학자는 아니었기에 직접적으로 한글 발전에 기여하지는 못했지만, 한글을 사랑했고, 한글 교육이 중요한 것을 깨닫고 있었다. 1979년 세상을 떠난 후 논현동 집 역시 그의 유언에 따라 한글 학회에 기증되었다.

이
희
승

국어 문법의 길을 열다

이희승(1896~1989년)은 조선어 학회에서 연구 활동을 하다가 조선어 학회 사건으로 옥살이를 했으며, 해방 후 서울대학교 교수로 일하며, 국어사전을 편찬했다. 이희승의 한국어 문법 체계는 최현배의 문법 체계와 더불어 대한민국 언어학 문법 체계의 중요한 계열을 형성했다. 시인, 수필가이기도 하다.

이희승이 국어 연구에 뜻을 두게 된 것은 그의 나이 열여덟 살 때 주시경의 《국어문법》을 접하고 나서부터였다. 그는 주시경의 책을 접하고, 말할 수 없는 기쁨을 느꼈고, 국어학자의 길을 가기로 결심했다.

"공부를 잘하니 의학전문학교에 가서 의사가 되는 것은 어떻겠냐?"

"아닙니다. 저는 개인의 병보다는 민족의 병이 더 중요하다고 생각합니다."

이희승은 의학이 아닌 국어학을 선택했다. 국어를 연구해 우리 어문을 통일하는 것이 민족의 병을 고치는 일이라 생각했다. 그는 1930년 경성제국대학에서 조선어문학과를 공부한 뒤 이화여전에서 교편을 잡았다. 대학에서 국어학을 전공한 첫 한국인이었다.

같은 해 조선어 학회에 입회해 간사(이사)와 간사장(대표 간사) 등을 맡았고, '한글 맞춤법 통일안(1933년 완성)'과 '표준어 사정(1937년 완성)' 사업에 적극적으로 참여했다.

'한글 맞춤법 통일안'이 만들어지기까지에는 많은 어려움이 있었다. 당시 한글 연구는 조선어 학회뿐만 아니라 조선어학연구회라는 단체에서도 이뤄지고 있었다. 조선어학연구회는 한글을 발음하는 대로 써야 한다는 표음주의를, 조선어 학회는 소리가 같더라도 각각 뜻의 차이에 따라 써야 한다는 표의주의를 주장했다. 당시 사람들은 발음하는 대로 쓰는 조선어학연구회의 표음주의를 많이 사용하고 있었다.

"우리말은 훈민정음의 기본 취지에 걸맞게 써야 합니다. 그러니 소리 나는 대로 써야지요. 지금까지 우리말을 잘 쓰고 있는데 굳이 어렵게 만들어야겠습니까?"

박승빈이 주축이 된 조선어학연구회는 소리에 집중해서 전통을 계승하자고 주장했다. 그들은 소리와 글자가 다른 겹받침 '밝다', '굵다', '싫다'를 '발따', '굼따', '실타'로 표기하자고 주장했고, 소리가 구별되지 않는 철자인 '때' 와 '떼', '맛'와 '맞'을 통일해서 '때', '맛'으로 쓰자고 했다. 조선어학연구회의 이러한 주장으로 조선어 학회의 '한글 맞춤법 통일안'은 완성되지 못하고 있었다.

"다들 의견이 분분합니다. 아무래도 지금까지 써 온 방식을 버리기가 쉽지 않을 것 같습니다."

"말이란 시대에 따라 변해야 합니다. 그러니 표기법 또한 전통을 바탕으로 고쳐 써야지요. 어법에 맞지 않게 쓴다면 말의 혼란만 더욱 크게 할 뿐입니다."

이희승이 말의 문법을 강조하며 설명했다. 그는 '한글 맞춤법 통일안' 제정에 가장 큰 역할을 하고 있었다.

"어쩌지요?"

"조선어학연구회와 더 토론을 해서 결정합시다."

결국 1932년 11월 7일 동아일보사에서 조선어 표기법 통일 일안에 대한 토론회가 열렸다. 이날부터 사흘에 걸쳐 두 학회가 치열한 토론을 펼쳤다. 방청객이 꽉 찰 정도로 토론장은 열기로 가득했다. 조선어 학회에서는 이희승, 최현배, 신명균이 토론에 참여했다.

이희승은 둘째 날 받침에 관해 설명했다.

"언어라는 것은 음성을 통해서 의사를 전달하는 기호입니다. 그러니 겹받침과 'ㅎ 받침'은 반드시 써야 합니다. 동사의 어간과 어미를 엄격하게 구분해야 써야 합니다. 이것이 어법상 편리하고, 음성학상의 원리입니다. 그러니 겹받침도 써야 하고, ㅎ도 써야 합니다."

이희승은 주시경이 처음 쓰기 시작한 'ㅎ 받침'이 왜 우리글에서 필요한지 구구절절 설명했다. 당시 주시경은 'ㅎ 받침'을 써야 한다고 주장했지만 'ㅎ' 소리의 이치나 원리를 음성학적으로 제대로 설명하지는 못했다. 주시경의 제자들은 'ㅎ'을 계속 써 왔으나 정확히 그 이치와 원리를 설명할 수는 없었고 일반인들에게도 그만큼 받아들이기 어려운 존재였다. 일반인뿐만 아니라 조선어 학회 회원들도 의문을 제기하는 이가 많았다. 그때마다 이희승이 'ㅎ 받침' 문제에 음성학적 근거를 알려 주었다.

하지만 조선어학연구회에서는 계속해서 반대했다.

"원래 겹받침으로 소리 나지 않은 것을 그 소리가 있다고 하여 표기법으로 반영하는 것은 옳지 않습니다. 더군다나 지금까지 있지도 않았던 'ㅎ 받침'을 넣는 것도 지금 교육 현장의 혼란만 더 키울 뿐입니다."

"그럼, 겹받침과 'ㅎ 받침'을 어찌 쓰자는 것입니까?"

이희승이 되묻자 박승빈이 잠시 생각을 하더니 대꾸했다.

"특별한 기호를 붙이면 되겠지요. 겹받침과 'ㅎ 받침'에 특별한 기호를 정해서 붙입시다."

"어떤 기호를 말합니까? 예를 들어 주시지요?"

이희승이 답답한 듯 물었다.

"'갔다'를 'ㅅ가ㅅ다'로 쓰면 되겠지요?"

"그것은 현대 문법과 다릅니다. ㅎ은 발음상 다른 조음 기관들은 움직이지 않고, 후두에서 발음되는 음으로, 성문이 마찰하

조선어 표기법 통일안 토론회
주최:조선어학회, 조선어학연구회 장소:동아일보
ㅎ

면서 내는 소립니다. 그러니 다른 음성과 동시에 소리를 낼 수 있습니다. 자, 보세요."

이희승은 음성 기관의 그림을 그리며 ㅎ이 어디서 어떻게 나는 소리인지 알려 주었다. 그리고 종이를 입에 대고 ㅎ이 다른 음성들과 어떻게 소리를 낼 수 있는지 보여 주었다. 'ㅎ'과 'ㄱ, ㄷ, ㅂ, ㅈ'과 만나서 'ㅋ, ㅌ, ㅍ, ㅊ'이 되는지 말이다. 그 모습을 본 방청객들은 정확한 그의 주장에 놀라며 환호성과 박수갈채를 보냈다. 조선어학연구회에서도 그의 설명에 수긍했다. 박승빈 역시 그러했다.

"하지만 역사적으로 'ㅎ 받침'은 쓰인 적이 없습니다."

"박 선생께서 얘기한 특별 기호 역시 역사적으로 쓰인 적이 없습니다. 말이란 시대에 따라 변하는 것이고, 어법에 맞는 방향으로 고쳐 쓰는 것이 옳습니다. 이렇게 써야 문법상 통일을 기할 수 있습니다."

이희승의 말에 방청객들은 고개를 끄덕였다. 이희승은 경성제국대학 시절부터 언어학 연구 방법을 배웠으며, 음성학과 음운학에 대한 지식이 풍부했다.

해방 후 이희승은 조선어 학회의 '우리말 도로 살리기' 운동에 거부감을 드러내고 적극적으로 참여하지 않았다.

“언어라는 것이 사유물이 아닌 공유물인 것을, 어찌 이미 대중들이 받아들인 어휘까지 바꾸려 하는지.”

이희승은 이미 대중에게 널리 퍼진 한자어들을 우리말로 바꾸어 새로운 어휘를 만드는 것에는 반대했다. 또한, 한글 전용을 주장한 최현배와 달리 한글과 한자를 함께 써야 한다고 했다.

이희승 역시 1942년 조선어 학회 사건으로 검거돼 일제가 패망할 때까지 3년간 옥고를 치렀다. 해방 후에는 서울대학교 문리대 교수로 자리 잡았으며, 1949년 《초등 국어 문법》을 시작으로 많은 국어 문법 책을 펴냈다. 그가 학교 문법서를 펴냈던 기간에는 우리의 문법 교육 환경에도 많은 변화가 있었고, 이희승은 그런 변화된 내용을 반영해 계속 책을 집필했다.

“선생님, ‘소이다’, ‘개이다’와 ‘개다’, ‘소다’ 중 어느 것이 맞습니까?”

“‘개다’, ‘소다’가 맞습니다.”

그는 문법을 묻는 이에게 친절히 설명해 주었고, 평상시에도 발음을 정확히 했다. 언제나 ‘문법’을 ‘문뻡’이라 하지 않고, ‘문법’이라고 하였고, 자신의 이름의 ‘희’도 ‘히’가 아닌 ‘희’로 바르게 발음하려고 노력했다.

이희승은 죽기 전 마지막 생일날, 제자들과 아들을 불러 모았다.

"내가 이제 살날이 얼마 안 남았으니, 당부하고 싶은 일이 있구나. 우선 내 남은 재산은 국어학 연구에 힘쓰는 후진들을 돕는 데 쓰거라."

이희승은 죽기 전 유언으로 재단을 만들어 어떻게 운영할지까지 구체적으로 전했다. 그가 죽은 후 서울시 종로구 동숭동 그의 자택이 있던 자리에는 일석학술재단 건물이 세워졌다. 2003년부터 그의 호를 딴 '일석국어학상'이 제정되었고, 후예와 제자들이 이희승의 뜻을 기리고 있다.

이희승의 문법 체계는 최현배의 문법 체계와 더불어 대한민국 언어학 문법 체계의 양대 산맥을 형성해 왔다. 문법론 이외에도 단어와 어휘 분야에도 큰 관심을 기울여 1961년에 발행한《국어대사전》(25만 7,854어휘 수록)은 한국어의 커다란 업적으로 평가받는다.

이희승은 자신의 육성 회고록인《딸깍발이 선비의 일생》에서 자신을 우리 시대 마지막 선비의 모습으로 그리면서 3·1 운동, 조선어 학회 사건, 6·25 때의 시련, 서울대학교 교수 시절 학자이자 문인으로서의 삶을 들려준다. 그는 국어학자로서 한국어의 커다란 업적을 남겼으나, 한자 혼용론을 주장했으며, 한글 전용 운동이 가진 의의에 대해 제대로 이해하지 못한 점은 비판을 받기도 했다.

정
인
승

《큰사전》 수정에 힘을 싣다

정인승(1897~1986년)은 독립운동가이며 국어학자다. 전라북도 장수군에서 출생했으며, 1921년 연희전문학교에 입학해 졸업하고, 전북 고창고등보통학교의 영어 교사가 되었다. 1936년 9월부터 1957년 10월까지 한글학회 《큰사전》(전 6권) 편찬을 주재하여 완간했다. 건국대학교, 전북대학교, 중앙대학교에서 교편을 잡았으며, 《표준중등말본》, 《표준고등말본》 등을 저술했다.

정인승은 연희전문학교에서 영어를 전공한 수재였고, 고창 고등보통학교에서 영어 교사로 일했다.

'조선말 수업 시간이 겨우 1시간뿐이라니. 일제가 우리말을 죽이려고 발악을 하는구나.'

정인승은 담당 과목인 영어 시간에 조선말을 가르치기 시작했다. 새 학문인 영어보다 한글 교육이 더 급하고 절실하다고 느꼈다. 그의 민족의식은 스승인 정인보와 선배 김윤경에게 영향을 받았다. 선배인 김윤경은 그에게 주시경의 《국어문법》을 가르쳐 주었다.

1929년 11월 3일 벌어진 광주 학생 사건이 광주 학생 항일 운동으로 전국으로 퍼졌고, 많은 애국 학생들이 각 학교에서 쫓겨났다.

"학생들을 내쫓을 수 없습니다. 그 학생들이 무슨 잘못을 했단 말입니까? 우리 학생들이니 절대 내쫓지 않을 것입니다."

정인승은 애국 학생들을 받아 줘야 한다고 학교에 강력히 주장했다. 하지만 일제의 압력에 결국 학교를 그만두고 목장을 차리고 양을 키웠다. 일제가 마음대로 주무르는 세상이 싫어 은둔 생활을 하고 있었다.

1936년 봄 최현배가 정인승을 찾아왔다.

"선생님, 《큰사전》 편찬에 도움을 주십시오. 선생님의 도움이 필요합니다."

최현배는 《큰사전》 편찬에 어려움을 호소하며 정인승의 도움을 청했다.

"제가 무슨 도움이 되겠습니까만, 제 힘이 필요하시면 도와야지요."

정인승은 조선어 학회 《큰사전》 편찬 주간을 맡게 되었다. 그는 사전에 필요한 문제들을 정리해, 사전 편찬에 관한 전반적 문제에 관한 논문을 발표하기도 했다. 이 논문은 우리나라 국어사전의 길잡이가 되었다.

"사전 편찬에 관한 전반적 문제는 다음과 같습니다. 먼저 사전을 만들기 위한 기초 공사 필요한데, 그것들은 말감 수집의 문제요, 다음으로는 표준어를 정하는 게 문제요, 다음은 맞춤법 통일의 문제지요. 그리고 마지막으로는 낱말의 분류에 관한 문제입니다."

정인승은 사전 편찬하는 데에 실제로 필요한 문제들을 짚고, 정리했다. 이런 그의 노력으로 사전 편찬은 방향을 찾아 앞으로 나아갔다.

1937년 정인승은 친구인 정태진에게 함께 사전 원고를 수정하자고 도움을 요청했고, 정태진 역시 한글 사랑이 깊어서 흔쾌히 수락했다. 정태진은 다니던 영생여학교에 사직서를 제출하고 조선어 학회 사전 편찬 사업에 뛰어들었다. 둘은 조선어 학회 사무실에서 밤낮으로 지내며 함께 원고 수정을 했다.

1939년 조선어 학회는 사전 원고를 대부분 완성했다. 이극로가 조선 총독부에 매일 출근하면서 수정 사항을 반영해 간신히 1940년에 출간 허가를 받았다. 1942년부터 조판에 들어갔지만 일제는 교묘히 조선어 학회 사건을 일으켜, 명분 없이 회원들을 모두 감옥에 가두고, 사전 출간을 못 이루게 했다.

조선어 학회 사건으로 정인승은 실형 2년을 선고받고, 함흥교도소에 갇혔다. 1943년 12월 8일 이윤재, 1944년 2월 22일 한징이 감옥에서 생을 다했다. 이윤재는 조선어 연구회와 조선어 학회에서 주도적으로 한글 운동을 한 인물이다. 1934년부터 1937년까지 《한글》 11호부터 45호까지 간행을 책임졌으며, 자금이 부족했을 때 자신이 쓴 책 《문예독본》의 판권을 팔아서 대기도 했다. 한징은 《조선일보》의 기자로 근무하면서 일제를 비판한 언론인이었다. 1933년 '한글 맞춤법 통일안' 제정과 표준어사정위원회 위원으로 활동했다. 이윤재와 한징은 감옥에서 고문과 추위와 굶주림에 시달리다가 생을 마쳤다.

"다들 이리 허망하게 가시면 어쩌십니까. 살아서 함께해야지요."

정인승은 소식을 듣고 피눈물을 쏟아 냈다.

1944년 겨울은 매섭게 날이 추웠다. 추운 날씨와 계속된 중국과 일본의 전쟁으로 식량도 귀해졌다. 정인승과 조선어 학회 회원들은 감옥에서 간신히 연명하며 목숨을 이어 가고 있었다.

"선생님, 며칠 전 도쿄가 공습으로 쑥대밭이 되었다고 합니다. 아무래도 심상치가 않아요. 일본이 망할 것 같습니다. 이제 조금만 참으면 좋은 날이 올 것 같습니다."

조선인 간수가 바깥 상황을 알려 주었다.

"선생님들, 해방이 되었답니다."

"그게 무슨 말인가?"

정인승은 조선인 의무관의 소식이 믿기지 않았다. 이극로, 최현배, 이희승도 눈을 번쩍 뜨고 아픈 몸을 일으켰다.

"일본이 패망했다고 합니다. 일본군들이 조선에서 벌써 도망치고 있습니다."

"뭐라고? 정말인가?"

조선인 의무관이 그렇다고 고개를 끄덕이자, 그들은 누가 먼

대한독립만세!
대한독립

저라고 할 것 없이 두 팔을 올리며 만세를 불렀다.

“만세! 대한 독립 만세!”

셋은 부둥켜안고 좋아서 어쩔 줄 몰랐다. 그날 새벽 감옥에서 일하던 일본인 간부와 직원들은 모두 달아났다. 하지만 조선인 간수장은 아직 미결수인 정인승, 최현배, 이희승, 이극로를 석방 대상에서 제외했다.

“선생님들도 곧 풀려나실 겁니다. 함흥 사람들이 들고 일어섰답니다. 선생님들 풀어 주라고요. 그러니 곧 나가게 되실 겁니다.”

조선인 간수가 소식을 전해 주었다. 그의 말처럼 그들은 이틀 뒤인 8월 17일에 감옥에서 나올 수 있었다. 정인승과 최현배, 이희승은 서로 몸을 부축하며 감옥을 나섰다. 이극로는 심한 고문으로 몸 상태가 좋지 않아서 들것에 실려 나갔다.

함흥교도소 앞에서는 모기윤과 함흥 유지들, 그리고 젊은이들이 모여 그들을 환영했다. 모인 사람들은 몸도 제대로 가누지 못하고 뼈만 남은 그들의 처참한 모습에 안쓰러움을 감추지 못했다.

그들은 8월 18일 기차를 타고 경성(서울)으로 향했다. 그러고는 곧장 그들을 기다리고 있던 조선어 학회 동지들을 만나 앞으로의 일정을 논의했다.

"이제 우리는 정치 운동에 가담하지 말고, 사전 편찬에 집중해야 합니다."

"맞춤법 통일안에 맞춰 철자법을 보급합시다."

"국어 교과서를 편찬하고 국어 교사를 양성합시다."

이들은 이같이 약속하고, 다시 사전 편찬 작업에 열중하기로 했다. 하지만 사전 편찬 작업을 시작하기 위해서는 《말모이》 원고가 필요했다. 조선어 학회 사건의 증거물이었던 사전 원고가 함흥이나 경성 어디에서도 발견되지 않았다.

"그나저나 《말모이》 원고는 어디에 있을까요?"

"10년 동안 피땀 흘리며 완성한 것인데, 이제 다시 또 10년을 준비해야 한답니까!"

"일본 놈들이 모두 불태워 버린 게 아닐까요?"

그들은 사라진 조선어 사전 원고의 행방을 찾아 분주했다. 그렇게 스무 날이 지나갔다. 9월 8일 조선어 학회 전화벨이 울렸다.

"여보세요, 조선어 학회 맞습니다. 네? 알겠습니다. 감사합니다."

"선생님, 찾았습니다. 《말모이》 원고를 찾았습니다."

"뭐라고요? 대체 어디에 있답니까?"

"경성역(서울역) 조선운송 창고에 있답니다."

"얼른 그리로 가 봅시다."

그렇게 《말모이》 원고는 다시 조선어 학회 품으로 돌아왔다.

"이제 《말모이》 원고도 찾았으니 온 힘을 다해 빨리 《큰사전》 출간을 해 봅시다."

이제 더는 《큰사전》 편찬을 미룰 필요가 없게 되었다.

정인승이 사전 편찬을 도맡아 조선말 《큰사전》 출간을 주도했다. 1947년 10월 9일 드디어 《큰사전》 제1권이 편찬되었다. 을유문화사에서 출간하겠다고 결심하지 않았다면 어찌 될지 모를 일이었다. 하지만 고작 한 권이 나왔을 뿐이다. 아직 다섯 권이 더 남아 있었다. 조선어 학회는 제2권을 어떻게 출간할지 방법을 모색하고 있었다. 다행히 하늘이 도왔는지 문교부 편수국 고문인 앤더슨 대위가 미국 록펠러재단에 문의해 《큰사전》 발간에 필요한 기금을 받아 냈다. 1949년 5월 5일 《큰사전》 제2권이 편찬되었다. 한글 학회로 새롭게 이름을 바꾼 조선어 학회는 1950년에 제3권을 제본하고, 제4권을 조판하고 있었다. 그런데 갑작스럽게 인민군이 서울을 점령했다. 1950년 6월 25일 새벽, 북한 공산군이 남북 군사 분계선이던 38선 넘어 남쪽을 침범한 것이다.

"종이와 잉크, 이것들은 모두 압수한다."

"무슨 말입니까? 이것들은 안 됩니다. 조선어 사전에 쓸 것입니다."

회원들이 아무리 사정을 해도 인민군은 종이와 잉크를 모두 가져갔다. 다행히 그들은 사전 원고는 가져가지 않았다.

"사태가 심상치 않습니다. 혹시 모르니 원고를 한 부 더 만들어 놓으면 어떨까요?"

"아무래도 그러는 게 나을 것 같습니다. 지난번처럼 원고가 없어지면 큰일이지 않습니까?"

한글 학회 회원들은 한국 전쟁이 언제, 어떻게 끝날지 가늠할 수 없게 되자, 새 원고를 만들기로 했다. 새 원고는 최현배가 부산으로 가져갔고, 원본은 유제한이 천안 고향 집에 보관했다. 한국 전쟁이 한창이던 1952년에도 그들은 원고 수정에 열을 올렸다. 1953년 7월 27일 휴전이 이루어져 휴전선이 확정되고, 휴전 상태가 오늘날까지 이어지고 있다.

"선생님, 정태진 선생님이 그만 세상을 떴다고 합니다."

"무슨 말이오?"

정인승은 정태진의 트럭 전복 사고가 믿기지 않았다. 둘은 절친한 친구이자 동지였다. 정태진을 조선어 학회로 이끈 것도 정인승이다.

"나는 말일세. 큰 빚을 지고 있네. 그러니 내가 빚을 갚아야 하지 않겠나?"

광복 후 정인승을 만난 정태진이 눈물을 흘리며 말을 잇지 못했다. 그는 자신 때문에 학회 회원들이 모두 수감되고, 사전 출간이 허망하게 끝났다고 자책하고 있었다.

광복 이후 정태진은 그런 마음의 빚을 갚으려고 누구보다 열정적으로 원고 수정 작업에 임했다. 밥벌이도 하지 않은 채 오로지 사전 편찬에만 집중했다. 그런 그가 식량을 구하러 고향 파주에 다녀오다가 그만 버스 전복 사고로 운명했다.

"태진이 자네 몫까지 내가 할 테니 걱정 말고 눈감게나. 편히 쉬게나."

정인승은 1953년 전주에 편찬실을 차리고 원고 수정을 마쳤다. 한국 전쟁이 끝나고, 1956년 4월 1일 록펠러재단에서 보낸 물자가 인천항에 도착하면서 다시 《큰사전》 출간이 이어졌다.

"이제 끝이 났네. 드디어 《큰사전》이 모두 출간되었네."

1957년 드디어 《큰사전》 여섯 권이 완간됐다. 총 16만 4,125 어휘를 수집해 풀이한 우리말 사전이 탄생한 것이다. 주시경과 그 제자들이 《말모이》 사업을 시작한 지 47년 만의 일이었다.

부록

참고 문헌

일제에 의한 국권 침탈 과정

1875년 문호 개방

대한 제국의 고종 황제는 일본에 무력으로 불평등 조약인 강화도 조약을 체결하고, 외국과의 문호(교류)를 개방한다.

1894년 청일 전쟁

일본이 대한 제국의 지배권을 놓고 청나라와 전쟁을 일으킨다. 일본이 승리한다.

1904년 러일 전쟁

일본이 만주와 대한 제국의 지배권을 놓고 러시아와 전쟁을 일으킨다. 일본이 승리해, 조선에 대한 지배권을 확립하고 만주로 진출한다.

1904년 2월 한일 의정서 체결

한일 의정서는 일제가 대한 제국의 군사 기지를 사용할 권리와 국외 중립 선언을 무효화하는 외교 문서다. 이 협약 체결로 일제에 의한 한반도의 식민지화 작업이 시작된다.

1904년 8월 제1차 한일 협약 체결

러일 전쟁 직후 일제는 대한 제국에 고문을 파견해 내정 간섭을 강화하며 고문 정치를 시작한다. 일제는 대한 제국을 독점하기 위해 미국, 러시아, 영국과 동맹 외교를 맺는다.

1905년 11월 제2차 한일 협약(을사늑약) 체결

대한 제국의 박제순과 일제의 하야시 곤스케에 의해 부당하게 체결되었으며, 회의에 참여한 대신들 가운데 황제로부터 조약 체결을 위임받은 이가 없기에 국제

법상 성립되지 않는 조약이다. 체결 당시 정식 명칭은 '한일협상조약'이며, 을사년에 이루어졌기 때문에 을사조약, 을사오조약, 을사보호조약 등으로 부른다. 일제는 대한 제국의 외교권을 강탈하고, 통감부를 설치하며 내정에 개입한다.

1907년 헤이그 특사 파견

대한 제국 고종 황제는 네덜란드 헤이그에서 열리는 만국평화회의에 이상설, 이준, 이위종을 파견해 을사늑약이 일제의 강압에 의한 것을 폭로하고자 했으나 일제의 방해로 뜻을 이루지 못한다.

1907년 7월 한일 신협약(정미7조약)

일제는 헤이그 특사 파견을 빌미로 고종 황제를 퇴위시키고, 대한 제국의 군대를 해산시킨다. 고종의 아들 순종을 제2대 대한 제국 황제로 추대하고, 대한 제국의 주권을 빼앗기 위해 한일 신협약을 체결한다. 정미년에 맺은 7개 항목으로 구성되어 있다. 이어 사법권과 경찰권이 박탈된다.

1910년 8월 한일 병합 조약

일제는 이 조약으로 대한 제국의 국권을 강탈한다. 조선 총독부가 설치되고, 1945년까지 우리나라는 일제의 식민지가 된다.

1919년 3·1 운동

3·1 운동 이후 일제는 문화 통치로 전환한다.

조선어 학회(지금의 한글 학회) 설립 과정

조선어 학회(지금의 한글 학회)는 창립 당시부터 학문의 연구만을 위한 학회가 아니었다. 주시경과 그의 제자들이 중심이 되어 국어학의 원리와 이론을 연구하고, 말글을 통해서 민족정신을 지키고자 했다. 훗날 이 정신을 이어 갔고, 훈민정음 반포 480주년인 1926년 음력 9월 29일을 '가갸날(한글날의 시초)'을 정하고, 1929년 한글날에는 100여 명의 발기로 '조선어 사전 편찬회'를 조직해 국어사전 편찬에 착수했다. 1942년 10월 일제에 의해 '조선어 학회 사건'이 조작되고, 학회의 중요 인사와 관련된 사람들이 모두 검거되어 학회 활동이 중단되었으나, 광복 뒤 조선어 《큰사전》 편찬 사업을 완성하고 오늘날까지 계속되고 있다.

1908년 8월 31일 국어 연구 학회 설립

주시경과 제자들이 설립한 한글 연구하는 민간 학술 단체다.

1911년 9월 3일 배달말글몯음(조선언문회)으로 이름 변경

1913년 3월 23일 한글모로 이름 변경

1917년까지 활동하다가 4년 동안 활동이 중단되었다.

1921년 12월 3일 조선어 연구회로 이름 변경

임경재, 최두선, 이승규 등이 모여 국어 연구 및 국어 운동 단체인 '조선어 연구회'로 이름을 고쳐 재건했다. 1927년 2월부터 기관지 《한글》을 발간했다. 이 기관지는 현재까지도 이어지고 있다.

1931년 1월 10일 조선어 학회로 이름 변경

조선 총독부에서 일제 학자들을 모아 똑같은 이름의 '조선어 연구회'를 만들자, 단체를 혼동하는 일들이 많아서 '조선어 학회'로 바꾼다. 장지영, 김윤경, 이윤재, 이극로, 최현배 등을 회원으로 해 한글 연구와 강연회를 하고 한글의 우수성과 소중함을 홍보했다.

1949년 10월 2일 한글 학회로 이름 변경

광복 뒤 남과 북으로 나뉘면서 이념 문제가 불거지자 '한글 학회'로 이름을 바꾼다.

《큰사전(조선말 큰사전)》 편찬 과정

《큰사전(조선말 큰사전)》은 1911년부터 주시경과 그의 제자들이 편찬하고자 했던 최초의 조선어 사전인 ≪말모이≫를 밑바탕으로 만들어졌다. ≪말모이≫는 1914년 주시경의 죽음 이후 출판되지 못하고, 초기 원고가 조선어 학회(한글 학회)로 넘어가 《큰사전(조선말 큰사전)》으로 완성된다.

1929년부터 조선어 사전 편찬회는 사전 편찬 작업을 시작해 1942년 초고를 완성했다. 인쇄를 눈앞에 두고 일제에 의해 조선어 학회 사건이 터졌다. 편찬위원들이 모두 검거되면서 사전 편찬이 중단되었다. 원고 역시 일제에 빼앗기게 되었다. 1945년 해방 후 편찬위원들이 감옥에서 풀려나고, 빼앗겼던 원고가 우연히 서울역에서 발견하면서 사전 편찬이 다시 진행했다.

《큰사전(조선말 큰사전)》은 총 6권으로 16만 개가 넘는 어휘를 수집해 풀이한 우리말 사전이다. 주시경과 그 제자들이 말모이 사업을 시작한 지 47년 만에 완성되었다.

1947년 10월 9일(한글날) 제1권이, 1949년에 제2권이 간행되었다. 조선어 학회가 한글 학회로 이름을 바꾸면서 1950년 간행한 제3권부터는 《큰사전》으로 이름이 바뀌었다.

1950년 한국 전쟁으로 한글 학회 회관 건물이 다 타 버리는 어려움이 있었고, 1953년 당시 대통령이었던 이승만이 한글 학회를 견제하기 위해 록펠러재단의 원조를 막아서 사전 간행이 중단되었다. 1955년 이승만이 이를 철회하면서 한글 학회는 다시 록펠러재단으로부터 물자를 도움 받을 수 있게 되었고, 1957년에 4, 5, 6권을 간행하면서 《큰사전》이 완간되었다.

참고 문헌

신문

《독립신문》, 《동아일보》, 《조선일보》.

단행본

박용규, 2014, 《조선어학회 33인》, 역사공간.

백낙청 외, 2020, 《한국어, 그 파란의 역사와 생명력》, 창비.

이상각, 2013, 《한글만세 주시경과 그의 제자들》, 유리창.

정재환, 2020, 《나라말이 사라진 날》, 생각정원.

최경봉, 2018, 《우리말의 탄생》, 책과함께.

논문

김동진, 2011, <개화 초창기 한글문화 자강 활동에서 헐버트(1863~1949) 박사의 역할과 업적>, 《한국어정보학》, 13(1), p.1~15.

김동환, 2020, <백연 김두봉과 대종교>, 《국학연구》, 24, p.257~293.

김수영, 2016, <白夜 李常春의 생애와 학문>, 《진단학보》, 127, p.217~239.

김영규, 2019, <항일무장투쟁론 주창자 박용만>, 《의암학연구》, 18, p.63~107.

김완진, 2011, <일석 이희승 선생께 배운 것·배웠어야 할 것>, 《애산학보》, 37, p.35~48.

문제안, 1996, <애산 이인 선생과 한글>, 《나라사랑》, 93, p.117~130.

백낙천, 2013, <주시경의 삶과 학문의 세계>, 《한국사상과문화》, 69, p.87~107.

송철의, 2011. <일석 이희승 선생의 어문관과 한글 맞춤법>, 《애산학보》, 37, p.161~202.

오동춘, 2019, <'기념강연' 짚신겨레의 스승 외솔 최현배 박사님 일화>, 《나라사랑》, 128, p.216~222.

윤금선, 2015, <박용만의 국어교과서 연구 - 《됴션말 독본》 '첫 책'과 《됴션말 교과셔》 '둘째 책'을 중심(中心)으로->, 《어문연구》, 43(3), p.315~343.

이윤재, 1973, <한글 운동 - 조선어 사전 편찬은 어떻게 진행되는가>, 《나라사랑》, 13, p.128~131.

이준식, 2008, <최현배와 김두봉>, 《역사비평》, 82, p.41~67.

이준식, 심순기, 2010, <히못(白淵) 김두봉의 삶과 활동>, 《나라사랑》, 116, p.109~153.

이준환, 2018, <사전 편찬을 통해 본 李克魯의 독립운동사적 위상과 냉전적 해석 굴레의 탈피>, 《배달말》, 63, p.75~112.

이충우, 1996, <애산 이인 선생의 생애와 업적>, 《나라사랑》, 93, p.31~56.

이현희, 2016, <애류·한별 권덕규의 국어학적 업적>, 《애산학보》, 42, p.127~157.

정재환, 2012, <해방 후 조선어학회 · 한글학회 활동 연구(1945~1957년> 성균관대학교 일반대학원 박사학위 논문.

조규태, 2005, <박용만의 중국에서의 민족운동>, 《한국민족운동사연구》, 45, p.57~94.

조남호, 2015, <주시경과 제자들의 단군에 대한 이해>, 《선도문화》, 19, p.9~44.

조미은, 2013, <조선교육령과 재조선 일본인 교육제도>, 《역사교육》, 125, p.65~94.

조선혜, 2019, <식민지 농촌을 교육으로 밝힌 민족운동가 - 최용신>, 《새가정》, 66, p.25~29.

조윤정, 2010, <식민지 조선의 교육적 실천, 소설 속 야학의 의미>, 《민족문화연구》, 53, p.227~270.

채완, 2011, <일석 이희승 선생의 학교 문법 체계>, 《애산학보》, 37, p.133~160.

최기영, 2016, <권덕규의 생애와 저술>, 《애산학보》, 42, p.23~67.

한국일본문화학회, 2011, <일제와 조선 교육정책>, 《일본문화학보》, 50, p.255~272.

한애라, 2018, <1910년대 박용만의 국제 인식>, 《한국민족운동사연구》, 95, p.5~44.

한정호, 2020, <이극로의 대종교 활동과 『한얼노래』 연구>, 《열린정신 인문학연구》, 21(2), p.5~36.

허재영, 2016, <애류 권덕규의 사상과 어문 운동>, 《애산학보》, 42, p.105~125.

기타

국사편찬위원회

의령문화원

한국민족문화대백과사전

한글 학회

작가의 말

오래전에 《말모이》에 대한 자료를 접하고, 이야기의 감동이 커서 동화로 쓰고 싶었습니다. 그런데 작업을 하지 못한 채 시간이 흘렀고, 다른 곳에서 영화와 동화로 완성되었지요. 아쉬움이 컸는데, '한글을 사랑한 사람들'이라는 주제로 《말모이》와 《큰사전》 편찬 이야기를 엮게 되었습니다.

이 책에서는 국어학자뿐만 아니라, 일제 강점기에 자신의 자리에서 우리말과 글을 지키고자 했던 많은 이들을 보여 주고자 했습니다. 《큰사전》 편찬에 실질적인 역할을 했지만 다루지 못한 많은 국어학자들이 있고, 우리에게 알려지지 않았지만 사전 편찬에 도움을 준 더 많은 이들이 있을 것입니다. 그들의 노고에 존경을 표합니다.

《말모이》 작업 시 전국에서 엄청난 어휘가 모인 것을 보면 얼마나 많은 이들이 한글을 지키고자 했는지 알 수 있었습니다. 또한, 한글 보급 운동에 참여했던 어린 학생들의 열정과 수고를 접할 때면 자랑스러움에 마음이 울컥했습니다.

한글이 우리 민족의 얼이자, 우리 민족 자체라는 주시경 선생님의 말처럼, 한글을 아끼고, 사랑했던 그들이 있기에 우리에게 한글이 남아 있고, 우리 민족이 역사 속에서 빛나고 있다고 생각합니다. 이 책을 통해서 청소년들이 《말모이》와 《큰사전》 편찬 과정을 알고, 그 과정에서 자신의 일생을 바친 분들에 대해 생각해 보는 시간이 되길 바랍니다.

2021년 8월 곽영미